コロナ危機を生き抜くための心のワクチン

全盲弁護士の智恵と言葉

大胡田 誠
弁護士／おおごだ法律事務所代表

ワニブックス

はじめに

朝起きると一番にパソコンを開き、音声ソフトを使ってニュースサイトで情報を得るのが僕の日課です。弁護活動のかたわら、僕は刻一刻と変容する新型コロナウイルス禍の情報に恐ろしいほど鋭敏になっています。

「これって現実じゃないんじゃない？　映画の世界みたい」

「コロナって悪い病気だね。許せない」

人通りもまばらで、殺伐《さつばつ》とした東京の渋谷のスクランブル交差点で、「外出自粛要請が出ていますが」とマイクを向けたメディアに若者たちが答えています。

僕も無人の交差点に立って、彼らのように叫びたいぐらい。今まさに、想像を絶する危機が、日本と世界を恐怖と混乱に突き落としています。

弁護士の僕にとっても、ほぼ2カ月間のすべての裁判が延期になることなど、まさに異例で、憲政史上初めてのことではないかと思います。

２０１９年11月、中国・武漢《ぶかん》市で発生した新型コロナウイルスの感染拡大は、いつ収束

（終息）するか、ようとして知れず、先行き不透明です。

しかしながら、僕たちはいかなる状況であっても自暴自棄になったり、絶望したり、思考停止に陥ってはなりません。

「どんなに厳しい環境に置かれても、人間には精神の自由があり、存在する意味があり、希望がある。それを強く認識した者だけが、生き延びることができるのだ」

オーストリアの精神科医で心理学者のヴィクトール・エミール・フランクルの言葉です。ウィーンの精神病院で女性の自殺患者部門の責任者を務めていたフランクルは、美しい妻と二人の子どもに恵まれ、平和で穏やかな生活を続けていました。

しかし、その平和はナチスドイツのオーストリア併合で破壊されます。「ユダヤ人」というだけの理由で。彼の一家は他の人々とともに逮捕され、アウシュビッツ収容所へ送られたのです。

そして、ここで彼の両親、妻、子どもはガス室送りになりましたが、彼だけは収容所で悲惨な生活を送りながら、奇跡的に生き延び、１９４５年４月、アメリカ軍により解放されました。

この時の極限状況における人間の姿と自らの体験を著した『夜と霧（原題　それでも人

生にイエスと言う）』は出版以来、70年以上にわたって読み継がれています。

「苦境に陥った時、絶望ではなく、そこから一歩を踏み出すためには、今ある自分を尊び、精神的自由を失わないことが必要不可欠である」

もし自分がアウシュビッツに送られたら、フランクルのように生き延びる精神力を持ち得ただろうか――。

まさに今、このコロナ危機のさなかにあって、僕はあらためてフランクルの言葉を噛《か》みしめています。


僕は42歳で、全盲の弁護士です。

妻も全盲で音楽家。

僕たちは、品川区の目黒川沿いのマンションで、小学４年生の女の子と、小学２年生の男の子と、サポートしてくれている妻の両親と、１匹のアイメイト（盲導犬）とともに、生活を営んでいます。

２００６年、僕は司法試験に合格し、弁護士になって今年で13年目を迎えました。第一東京弁護士会所属で、「全盲で司法試験に合格した日本で３人目の弁護士」です。

弁護士となって最初の6年間は、弁護士会の設立した法律事務所で、障害や難病を抱えた方、貧困のために弁護士を雇えない方、これまで他の法律事務所で断られ続けた方など、様々な困難に直面している方たちの痛みに共感し、その様な方たちが一歩を踏み出すお手伝いをする経験を重ねました。

次の6年間では、僕と同じく全盲の障害を持ちながら日本で初めて弁護士になった竹下義樹《よしき》先生のもと、企業法務や医療過誤《かご》、複雑な相続案件などを担当し、困難な事件を処理するスキルと、決してあきらめない強い心を学びました。

そして、２０１９年９月、相談者の方々を支えていきたいと、僕は独立して自分の法律事務所「おおごだ法律事務所」を設立しました。

人は人によって傷つけられることもあるけれど、人によって癒されもする。僕は人が人によって癒される力、人が人を癒す力を信じています。

弁護士に相談に来られる人は、人によって傷つけられている人が多い。その重荷を少しでも軽くしてあげて、新たな一歩を踏み出せるようにしてあげるのが、弁護士である私の務めです。

僕は弁護士という仕事を通じて、絶望の中にいる人々の光になりたいと思っています。

２０２０年2月1日、「指定感染症」に指定された新型コロナウイルスは、今なお猛威をふるい、世界的感染の拡大を続けています。

新型コロナウイルスは治療薬とワクチンが開発されれば、克服できる病気とされ、世界中で研究が急ピッチで進められています。

しかし、それを持ち得ていない今、このウイルスに感染すると死に至るリスクがあり、そのリスクはひたひたと僕たちの足もとにまで忍び寄っています。僕たちは、この未曾有《みぞう》の危機に、どう立ち向かい、生きていけば良いのでしょうか。

強調したいのは、いかなる事態になっても、自分の命は自分で守るものだということ。それが大切です。

そのために法律は、あなたの強力な援軍になると思います。

そして今、僕たちに必要なのは、絶望に陥らないための智恵と強力な心のワクチンです。

２０２０年4月15日、新型コロナウイルス禍で様々な悩みを抱えている方々が、少しでもその心の重荷を軽くできることを願って、事務所内に無料の電話相談を開設しました。

電話の向こうの人々の切実な声、それらはいずれも悲痛で、新型コロナウイルスが人々の生活と心に与えている影響の大きさを日々、感じています。

本書は、新型コロナウイルス禍の世界を生き延びるために、今僕たちはどのように生き、何をすべきか――。
人生の在り方、希望の持ち方についての考えを著したものです。

最悪の環境に置かれても
人間には精神の自由があり
存在する意味があり、希望がある
それを強く認識した者だけが、生き延びることができるのだ

目次

第2章 仕事の危機を乗り越えるために

第3章 暮らしと心の危機を乗り越えるために

第4章　コロナ後の世界を生き抜くために

記載内容については十分注意しておりますが、作成時（２０２０年5月末日）の情報・知見に基づく一般的な見解として記述しております。全ての情報の正確性・適法性を保障するものではないことをご了承くださいますようお願いいたします。

第1章

家族の危機を乗り越えるために

子どもの不安を取りのぞく

「日本が大変なことになっていて怖い」

「コロナにかからないか心配」

「コロナに感染したら死んじゃうの？」

子どもたちは、新型コロナウイルスが大好きな人の命をも奪う怖い病気で、「人と関わることは感染するから危ない」と理解しています。

子どもには、年齢に応じた情報を与え、今何が起きているのか、自分の身を守るために何が必要か、何ができるのかを伝えましょう。


子どもの不安を取り除く特効薬は、「自分は家族の一員である」という安心感です。

食事作りや洗濯、掃除など家事全般に家族一丸となって取り組み、声をかけ合うことで、新しい家族関係が生まれるきっかけになるかもしれません。

その時、子どものことをたくさん褒《ほ》めてあげましょう。

自分は家族の役に立っていると思えると、子どもは自信を持つことができます。それは子どもの希望につながります。

部屋で子どもが一人でゲームをしていたら、親も一緒にゲームに参加しましょう。家庭が安心できる空間であると感じたら、子どもの不安は和らぎます。

食事でもおやつでも、「おいしいね」と味覚や嗅覚を通して同じ体験を共有する。

子どもは、不安を感じた時、自らの年齢よりも少し幼くふるまうことがあります。小学校高学年や中学生になっても、母親のひざに寝転んでくることがあります。赤ちゃん返りのような状態です。

そのため、時々、子どもの手や肩など、体に触れて安心感を与えてあげましょう。

肌と肌に限らず、眼差しを向けるなど優しい雰囲気で心を通わせることも〝触れる〟という行為です。

肩や背中を撫で、おでこや頬に手を当てるなどしてあげてください。そして、優しく声をかけてください。親が、子どもの心配事に耳を傾け、慰め、うなずくだけでも子どもは安心します。

不安な感情に寄り添ってあげるとそれだけで、子どもたちは今のがんばりをもう少し続けたいと思うようになります。

親が心配を抱え、イライラすると、子どももイライラ。親ががんばっていると、子どももがんばり、親が我慢していると、子どもも我慢します。

大人もできるだけ不安やストレスを抱え込まず、夫婦や友人、相談できる相手と、電話やＳＮＳなどを使って、気持ちをシェアし合いましょう。

小学校に入学した頃から、母は幾度となく僕に言いました。

「誠、今は目が見えているけど、そのうち見えなくなる。でもお父さん、お母さんがついているからだいじょうぶだよ」と。

目が見えなくなるなんて嘘だ、とその時、僕は思いました。

小学校３年の頃、視界に白い霧がかかるようになりました。次第に、僕は文字を読めなくなり、５年生になると、ルーペを使って『シートン動物記』や『ファーブル昆虫記』を読んでいました。

そして、６年生になると、急速に視力が下がり始め、夏休みが終わる頃には、光の明暗の区別がつかなくなり、外出も困難な状態になりました。

僕の眼は先天性緑内障《りょくないしょう》で、完治は難しく、成人する前に視力を失う確率が高いというのです。3歳年下の弟も先天性緑内障で、その頃すでに全盲でした。

机のヘリに頭をぶつけたり、見えていたはずの看板が見えなくなり、電信柱にぶつからないと歩くことさえできない。

どうして自分は目が見えなくなっていくのか。

心に、針で突き刺されるような痛みを感じました。

ある日、理科の授業で、ホウ酸を使って実験をしました。

「ホウ酸は、目薬の原料になる」

授業中、そんな先生の言葉を聞いて、僕はこっそりホウ酸をハンカチでくるんで家に持ち帰りました。

その夜、こっそりホウ酸を目にすり込んで寝ましたが、視力は回復しませんでした。

母は、僕たち兄弟が目が見えないからといって、過保護に育てたり、特別扱いすることは一切、ありませんでした。

母は家事全般を、僕たちに手伝わせました。

おかげで、僕たちは今も身の回りのことはすべて自力でやれますし、それが生きていく上での自信につながっています。

失明したことで僕は大きな不安を抱えましたが、ひねくれたり、ゆがんだコンプレックスを抱いたりすることはありませんでした。

今となってはむしろ視力障害を持ったことで自分の弱さを克服し、根性を養うことができたのではと思います。

父は山登りを通して、僕たちに人としての生き方を教えてくれました。母は助産師で勉強家で、僕と弟の目の病気のことを熟知していました。

母は僕が読めるように、教科書のページを何倍にも拡大コピーしてくれました。

勉強だけでなく、オセロ盤に点字シールを切って貼り、線が浮き出るようにしてゲームがやれるようにしてくれました。白と黒の石にも点字シールを貼ってくれたので、指の感触でそれとわかるようになりました。

「できることは何でも自分でやりなさい」

それが僕と弟に対する母の教えでした。

完全に失明した僕に、母は包丁でリンゴの皮をむかせたり、シャツのアイロンがけをやらせたり、目が見えていた頃と変わらないやり方で手伝いをさせました。

「自分の靴は自分で洗いなさい」

と母からしつけられて、失明してからも汚れた運動靴を自分で洗っていました。

親はわが子と面と向かって話をしよう
子どもの手や肩など、体に触れて安心感を与えよう
一緒においしいものを食べて笑う
家族の一員として子どもを頼りにして、声をかけ合う

一人暮らしに万が一の備え

２０２０年4月、都内の社員寮で、新型コロナウイルスに感染した50代男性が部屋の中で亡くなっていた、とのニュースが報じられました。

亡くなる前に、この男性は保健所の帰国者・接触者相談センターに複数回電話をかけていたことも判明していますが、電話はつながらず、ＰＣＲ検査を受けることはできませんでした。

単身者（一人暮らし）は、未婚や離婚、伴侶に先立たれるなど、相談相手や頼りにできる存在が身近におらず、社会的に孤立している人が多いです。

単身者にとって、コロナ禍での自粛は、普段でも少ない他者との会話が激減し、より孤立を深める可能性があります。

孤立や孤独から免れる最強の方法は、当然ですが、人とコミュニケーションを取ることです。長期間、人と会えないことが、うつ病の発端になることもありますから、注意が必要です。自分の方から率先して「元気？」「どうしてる？」とか、メールやＳＮＳを使って〝生存確認〟の連絡を他の人に取るようにしてください。

ところで、単身者のあなたが、万が一コロナウイルスに感染したときのことを考えてみましょう。

体調が悪くなっても困らないように、保健所の電話番号はネットで調べておきましょう。

持病のある人は、かかりつけ医にすぐに連絡を取れるよう、緊急連絡先の電話番号をメモしておきましょう。

生命保険や医療保険に入っていたら、保険会社と証券番号をメモして、健康保険証と一緒に、財布や手帳に入れておくと安心です。

自宅待機となった場合に備え、2週間分の食料品や飲み物の備蓄をしたり、デリバリーやネットスーパーなどのリサーチを行い、食料の確保をしておくことも大切です。

また、急な入院やホテルでの療養に備え、あらかじめバッグに、2週間分の入院グッズを揃えておくと安心です。着替え、マスク、手洗い用せっけん、体温計、シャンプー等のアメニティグッズ、タオル、メモ帳と筆記用具など、そして厚めの文庫本を1冊。

熱や鼻水、咳《せき》などの症状があれば、必ず日時をメモにとり、日々の体調の変化と管理を怠らないようにしましょう。

万が一、発熱等で気分が悪くなり、自力で起き上がれず、119番で駆け付けた救急隊員に言葉を話せる状況でなくても、そのメモがあればこれまでの症状の経緯をしっかりと伝えることができます。


もしあなたが感染し、入院することになったら?

その後、重症化し、集中治療室で治療を受けることになったら?

意識が薄らぎ、あなたが自分の「希望」を医療従事者に伝えられなくなったとき、あなたに代わってあなたの「最後の希望」を伝えてくれる信頼できる人を一人、今のうちから探しておくことが大切です。

あなたがどんなことを大切にして生きているのか、どんな価値観を持っているのか、そして、万が一のとき、あなたがどんな医療やケアを受けたいと願っているのか——**その意思をあなたに代わって伝える人がいることは、あなたの人生を悔いのないものにし、豊かにすることでしょう。**

こうして、万が一感染した際のことを考え、準備しておくことに加え、一人暮らしの生活で孤独に陥らないためにおすすめしたいのが、**「自分自身の心を慰めてくれる趣味」を、短い時間でもいいので生活の中に取り入れることです。**それも、できれば料理や絵など、自分の手を使って作り出すものはより効果的だと思います。

弁護士をめざし、東京で一人暮らしを続けていた当時の僕の心の慰めは、一本のクラシック・ギターでした。

僕とギターを引き合わせてくれたのは母でした。

小学5年生の時、母は僕に子ども用のクラシック・ギターを買い与え、近所のギター教室に通わせてくれました。近い将来、僕の目が見えなくなることを知っていた母は、「息子にも何か人生の楽しみが必要」と考えたのです。

その頃、すでに僕は視力が落ち始めていたので、譜面が見えません。

先生が弾いてくれる曲を聴き、音を覚え、その音をそっくり真似して弾きました。最初の頃は母に無理やり、ギター教室に連れて行かれている感がありましたが、しばらく通っているうちに僕はクラシック・ギターの響きが好きになり、昼となく夜となく夢中で練習するようになりました。

ギターが紡《つむ》ぎ出す音は、昔も今も、僕にとって心を癒やしてくれるやさしい光です。音楽家志望の妻と出会ったのも、私がギターを弾いていたからでした。

ぜひこの機会に、僕にとってのギターのようなものを見つけてみてはいかがでしょうか。

保存できる飲料、食料品は多めに買い置き
持病のある人は、かかりつけ医など、緊急連絡先の電話番号を
急な入院のために、部屋着、マスク、手洗い用せっけん、体温計等を常備
発熱、鼻水や咳などがあれば、必ず日時を入れてメモを取ること
日頃から体調管理を怠らないように
「最後の希望」を伝えてくれる人を探す
自分の心を慰めてくれる趣味を持つ

コロナ感染で差別を受けたら

新型コロナウイルスは人間の命との戦いであると同時に、誹謗中傷《ひぼうちゅうしょう》、デマとの戦いでもあるといえるかもしれません。

事務所の無料電話相談にかかってくる電話も、最近はコロナがらみの相談が多く、中には「コロナに感染したら差別を受けた」という深刻な相談も少なくありません。

ある地方に住む男性は、親族の一人から、「おまえ、町の人に感染したらどうしてくれるんだ。おまえだけじゃなく、親族一同犯罪者扱いになるんだぞ」と言われたそうです。

実は、彼は新型コロナウイルスに感染し、病院の隔離病室に入院していたのですが、退院後は症状も回復し、投薬も点滴も受けていませんでした。

しかし、帰宅すると、すでに彼の感染は町中に知れ渡っていました。それで親族がピリピリして、彼を非難したのです。

特効薬やワクチンが開発されていない今、重篤化すると死に至るケースもあり、新型コロナウイルスは確かに怖い病気ですが、**それよりも怖いのは僕たちの中にある感染者への好奇の目、差別意識です。**

感染したくて感染者になった人はいません。

感染者も被害者なのです。

そのことを皆で理解し、共有する社会でなければ、感染者を差別するという悲劇の連鎖は止まらないでしょう。

ある単身赴任中の父親は、週末、「移動の電車の中で感染するのでは」「家族に感染するのでは」と怖れて、帰省を取りやめたといいます。

その根底にあるのは、感染への怖れに加えて、感染したあとに受ける非難や差別を怖れての自主規制であったようです。

差別を受ける対象は大人だけでなく、子どもの世界にも及んでいます。

ある子どもは花粉症によるくしゃみや咳が出始めると、家にこもりがちになり、「遊びに行かないの?」と親が聞くと、「おまえコロナだろ、って言われる。感染者扱いされるから行かない」と涙をこぼしたといいます。

僕も視覚障害者ということで、これまでの人生で何度か「差別的な扱い」を受けたことがあります。

哀しい思いをしたのは、大学（慶應義塾大学法学部法律学科）に合格して、大学の近辺で、静岡から上京した母とアパートを探した時のことです。

「安全確保が難しい」

との理由で、部屋を貸してくれる不動産業者がなかなか見つかりません。

何社も断られたあと、母が「アパートを借りてあげられなくてごめんね」と泣きながら僕に謝りました。何も悪いことはしていないのに、僕に謝る母が不憫《ふびん》で、この社会の理不尽さを知りました。

何軒か不動産屋を回り、部屋は見つかりましたが、その時感じた強い怒りと憤り《いきどお》は、何としても弁護士になってこの社会を変えなければいけない、と僕を奮い立たせる力になりました。

また、大学の講義では、ある授業に出席した際、「点字」でノートをとるときの打刻音が「うるさい」と、「教室の隅のほうで授業を受けるように」と教授から言われたことがありました。

すると、同じ授業を受けていた学生が、教授に抗議の声をあげてくれたのです。「授業以前に、『差別的行為』ではないか」と。

授業そっちのけで激論となり、最後は教授が折れて、僕はそれまで通り自由な席で授業が受けられることになりました。

擁護《ようご》してくれた仲間の声は、いまも耳に残っています。


「新型コロナウイルスは感染したら生命を脅《おびや》かしかねない」そう怖れるがゆえに、人々の間で感染者への差別と偏見は容易には無くならないでしょう。

しかし、**あなたがその感染者にならない保証はないのです**。差別や偏見とどう向き合うか、差別や偏見をなくすためにはどうしたら良いか。教育の場も含めて、様々な場所で議論が必要だと僕は思います。

「感染したら生命を脅かしかねない」
と怖れるがゆえに
感染者への差別と偏見は容易にはなくならない
その感染者にあなたがならない保証はない
差別や偏見をなくすためにはどうしたら良いか
教育の場も含めて、様々な場所で議論が必要

一度でも自殺を考えたら

２０１９年の年間の自殺者数は2万１６９人でしたが、２０２０年はコロナ禍による倒産、失業の激増が予測され、自殺者数も増えるのではと懸念されています。

僕の法律事務所の電話相談にも、コロナ禍による様々な悩みを抱えた人の相談が増えています。

学校が休校になった児童や生徒からの相談も寄せられます。

外出の自粛で、人と話す機会が減ることで、悩みを抱えている人々の不安もさらに高まっています。身近な人と電話で話したり、相談窓口を利用したりして、なんとかつらい状況を乗り切ってほしいと思います。

もしあなたが深刻な悩みを抱えていたら、一人で悩みを背負わず、背負いきれなくなる前に、まず、公的な相談窓口に電話で相談しましょう。

厚生労働省のホームページに掲載されている、自殺対策の電話相談は次の通りです。

●こころの健康相談統一ダイヤル（全国の公的な相談機関に接続）
0570－064－556
●よりそいホットライン（一般社団法人 社会的包摂サポートセンター）
0120－279－338（24時間対応）
●いのちの電話（一般社団法人 日本いのちの電話連盟）
0570－783－556（午前10時から午後10時まで）
0120－783－556（毎月10日午前8時から翌日午前8時まで）
いずれも、IP電話からは03－6634－7830（通話料有料）へ。

その他、厚労省のホームページには、SNS相談やその他の窓口の情報も掲載されています。

相談料は無料ですが、0570で始まるナビダイヤルは、別途、通話料がかかります。
僕は国や自治体が行う自殺相談の通話料は「無料」にすべきだと思います。
自殺の電話相談の通話料がどうして有料なのか、理解に苦しみます。通話料を気にしながらでは、落ち着いて自殺やこころの相談はできないのではないかと思います。

そして今深刻なのは、国の外出自粛要請もあり、自殺を防ぐための民間の無料電話相談の何カ所かが、感染防止を理由にボランティアの相談員を減らしたり、活動を休止したり、態勢の縮小に追いやられていることです。つくづく、新型コロナウイルス禍の深刻さを感じます。警察庁『自殺統計』によると１９９３年以降、自殺の原因・動機は、１位が健康問題、２位が経済・生活問題となっています。

もし、あなたが苦しさや強いだるさ、高熱などの強い症状がある場合は、新型コロナウイルスの感染を疑い、すぐに地元の保健所に設けられている「帰国者・接触者相談センター」などに相談してください。

医療費用の心配は一切いりません。コロナ感染症の医療費の負担は保険適用となり、費用は公費負担となり、自己負担はありません。コロナ感染症で入院した場合、入院患者の医療費も公費負担です。

政府は今、新型コロナウイルス感染拡大の緊急経済対策として、一律給付金10万円を国民に配布中です。住民基本台帳に記録されている全国民が対象です。

もし今、あなたが手持ちのお金に窮《きゅう》しているのなら、迷わず、地元の自治体の社会福祉協議会に相談してください。

低所得者などを対象とした制度「生活福祉資金貸付制度」がコロナ対応で拡充されました。最大20万円が無利子で借りられる「緊急小口資金」は、通帳など収入減を示す書類とともに手続きをすると、比較的迅速に個人の口座に現金が振り込まれます。返済の期限も2年に延長されました。

同じ制度で「総合支援資金」という枠組みもあります。失業などで困窮状態が長期化した場合、毎月20万円を上限に3カ月間、最大60万円が借りられます。

このように、合計で最大80万円までは公的な融資が無利子で受けられます。民間のカードローンなどの金利は、年15％前後とケタ違いに高いです。安易に手を出さず、まずは住んでいる市区町村の社会福祉協議会に問い合わせてみましょう。

負担の重い税金や社会保険料の支払いについては、申告すれば支払いの猶予を受けられる制度もあります。

なお、経済的に困窮する国民に対して、国や自治体が、健康で文化的な最低限度の生活を保障する公的扶助制度である「生活保護」の受給も検討されてみてはいかがでしょう。日本国憲法第25条の理念に基く生活保護法第1条にあるように、国が生活に困窮するすべての国民に対して、その困窮の程度によっては必要な生活費を給付し、最低限度の生活（ナショナル・ミニマム）を保障するとともに自立を促すことを目的とするものです。

僕自身もこれまで幾度か、精神的に「自殺直前」まで追いつめられたことがあります。難関といわれる司法試験ですが、挑んでも、挑んでも不合格になるという現実に押しつぶされそうになったからです。挫折と敗北感と無力感に苛《さいな》まれ、そんな自分に絶望しかけたのでした。

最初に司法試験を受けたのは大学4年の時で、結果は惨憺《さんたん》たるありさまでした。試験会場からの帰り道、しょぼしょぼと雨が降っていて、「今の自分のようだな」と情けない思いをしたのを覚えています。その時、自分に言い聞かせました。

「超難関といわれる司法試験だ、簡単には合格させてはくれないだろう。ならば、30歳までには絶対に受かってやる」

大学を卒業後、僕は沼津の実家に帰り、そこで山ごもりのような生活をして、司法試験の受験勉強をしました。毎日、頭の中にあるのは、年に一度の司法試験に合格することだけ。「弁護士になる以外に道はない」と自分に言い聞かせました。

「今年こそは、何が何でも合格するぞ」

そんな思いで受験した4度目の試験でしたが、合格しませんでした。

その時ばかりは、精神が萎《な》え、「もう、だめだ」と思いました。

その夜、両親の前に正座をして初めて心の内を打ち明けました。

「お父さん、お母さん、これまで受験勉強をがんばってきたけれど、今年も合格できなかった。来年も、次も、次も、無理かもしれない。もう、これから先どうしたらいいかわからなくなりました……」

その時、母が僕にこんなことを言ったのです。

「精神的に追いつめられたときは、自分の心が温かいと感じるほうを選びなさい」

「もっとがんばれ」と言うのでも、「あきらめろ」と言うのでもない。「何かに迷ったときには、損か得かとか、人からどう思われるかとか、そんなことで判断せずに、自分の心が本当に何を求めているのか、何を欲しているのか、自分の心の声に真摯に耳を傾けて、自分が行く道を選びなさい。前に進みなさい。生きていきなさい」と……。

「山に行こうか」

翌朝、父が僕を伊豆半島の天城山への山登りに誘いました。これまでも何度か父と登ったことがある山です。

父は若い頃、デンマークで運動療法を学び、当時は病院のリハビリセンターで運動療法士をしていました。そこで、脳血管障害や小児麻痺《まひ》等で半身不随になった患者さんを数多く治療した経験があり、息子が全盲であることを自然と受け入れることができたのだと思います。

母もまた、助産師として、様々な障害を持って産まれてきた新生児を何人も取り上げた経験がありました。

天城山に登りながら父は、僕に言いました。

「山は、登り始めの頃は山頂の景色がはっきり見える。だから、そこをめざして登っていけばいい。**しかし、山頂の手前あたりに来ると、山頂が消えて見えなくなる**。見えなくなると、人間は不安にかられる。このまま、この道を登って行っていいのだろうかと……。山頂が見えないのは、今いる場所が山頂に近すぎて見えないだけ。そこはもう、山頂の一歩手前なのだ。**〝もう、だめだ〟と思う瞬間が、実は山頂にいちばん近づいているんだよ」**

父の言葉が、僕の背中を押してくれました。

「明日からまた、つらい受験勉強をがんばれるか」

「そこまでして、本当に弁護士になりたいのか」

自問自答の末、僕の中に、弁護士になって誰かのために働いている姿が浮かびました。

「どんなに苦しくても、時間がかかってもいいじゃないか。あきらめちゃだめだ！」

僕は再び、来年の司法試験をめざして勉強を始めました。

それから3年後の2006年9月21日、合格発表の日。法務省の掲示板に、司法試験の合格者の受験番号が一斉に貼り出されました。

「この番号がありますか」

目が見えないので、そばにいたガードマンの方に受験票を見せて探してもらいました。

「ありますよ、おめでとう！」

ガードマンの方が、大きな声で叫びました。

「ありがとうございます」

この時ばかりは、涙があふれるように湧いて出てきました。
20代のほとんどを犠牲にして挑戦した司法試験、20代最後の歳にようやく合格することができたのです。

弁護士になった私の一番の使命は、「苦しみ、死をも考えているような人を少しでも助けること」だと思っています。現代の日本では、しかるべき場所に相談することができれば、様々な解決方法があります。どうか、その苦しみを一人で抱え込まないでください。

心身の健康、経済問題など悩みを抱えていたら、一人で背負わず迷わず相談を！
精神的に追いつめられたときは、心が温かいと感じるほうを選ぶ
〝もう、だめだ〟と思う瞬間が、実は山頂に一番近づいている
あきらめちゃだめだ！

怒りを抑えて「コロナ殺人」を防ぐ

２０２０年4月、新型コロナウイルスの感染者が急増していた頃、東京都江戸川区で、〝コロナ殺人〟ともいえる事件が起きました。

「新型コロナウイルスで出勤が減って、私の給料が減った。あなたの稼ぎも少ないから、私たちこれじゃあ、生活ができないわね」

その一言がきっかけで、59歳の夫が、57歳の妻に暴行を加え、１１９番通報で搬送された病院で妻は亡くなったというのです。死因は、後頭部を打ったことによる急性硬膜下血腫。「妻から罵《ののし》られ、頭に来た」と夫は容疑を認めました。

何とも痛ましい事件です。「コロナさえなければ」と見えないウイルスに怒りをぶつけたい気持ちです。茫漠《ぼうばく》とした不安や心配事が社会全体を覆いつくしている今、同種の事件がまたどこかで起こるのではと危惧され、暗澹《あんたん》たる気持ちになります。

怒りの根底には、不安や困惑といった複雑な感情が潜んでいます。**怒りの感情を抑えるためには、「腹がたっても数秒間我慢」すると精神が落ちつきます。**

もし、あなたがカッとなったら――その時は、グッとこらえて1・2・3・4・5……、と心の中で数を数えましょう。そして、10秒数えたら、深くゆっくりと深呼吸をしましょう。

新型コロナウイルスの感染が深刻化して以降、僕たち夫婦が日々、実践しているストレス解消法があります。

「1日1分、夫婦水入らずで会話をしよう」

僕のほうから妻に提案し、毎日、実行しています。

夫婦のどちらかが、〝その時〟言いたいことを我慢すると、その感情はまた別の仮面をかぶって夫婦の間に登場します。

そのため、1日1分でも、夫婦が本音で向き合う時間を持つことが大切です。

視線を合わさずに会話をする夫婦、否定的な態度をとりがちな夫婦は離婚する確率が高いと言われます。僕たち夫婦は、つねに自分の感じていること、考えていることを相手に伝えたいと思っています。

2010年秋。結婚した時、僕は33歳、妻の亜矢子は35歳でした。

その時、妻のお腹には4カ月の命が宿っていました。

「二人とも目が見えないのに、結婚してどうやって生活するの？」

「子どもを育てられるの？」

僕自身、正直、結婚を前にしてなお、躊躇《ちゅうちょ》していました。

そんな僕の背中を結婚へと押したのは、「母の自殺」でした。

当時、母は乳がんの手術で、がんを完全には切除できず、抗がん剤治療を続けており、その副作用で食事もとれず、心身ともに疲弊していました。

「誠、おまえが小さい頃、ずいぶん厳しくしてごめんね」

電話越しに母は涙声で僕に言いました。それが、僕への最後の言葉でした。

2週間後、母は自殺しました。58歳、早すぎる死でした。

人の命とは、なんとはかないものか――僕は、母の亡きがらを前に思いました。

命がこれほどはかないものであるならば、同じ場所で同じ時を今、共有できる相手が存在していること自体が、奇跡なのだと。

僕は「自分にとって真に大切な存在とは誰であるか」を真剣に考えました。

真っ先に浮かんだのは当時、付き合い始めて5年ほどになっていた僕の妻、亜矢子のことでした。

その時、僕は亜矢子と家庭を作ろうと決心しました。母が亡くなって失意の中にいた僕を気遣い、支えてくれたのはまぎれもなく亜矢子その人でしたから。

そして、僕が亜矢子と結婚するのを最も強く望んでいたのは、母でした。

「妊娠ですよ、おめでとうございます」

産婦人科医は妻に、妊娠6週目であると告げました。

結婚して今年で10年、長女は9歳、長男は7歳に。二人の子どもに視覚障害はなく、今では道を歩くときには、僕たち夫婦の手を引き、「案内人」を務めてくれるようになりました。

怒りの感情は、数秒で落ち着く
一日一分でもいいから、夫婦で本音の会話を交わすこと
大切なことは、二人が出会った原点を思い、慈しむこと

ＤＶ（家庭内暴力）を受けたら

新型コロナウイルス禍による在宅勤務、収入の低下による生活不安など、ストレスのはけ口が暴力の衝動となって、家庭内の弱者に向けられるのがＤＶ（ドメスティック・バイオレンス＝家庭内暴力）です。

東日本大震災の時も、仮設住宅で過ごす家族の中でもＤＶが起こったといいます。

ＤＶは、配偶者や恋人など親密な関係にある、またはあった者から振るわれる暴力、人権を踏みにじる行為です。

配偶者暴力防止法においては、被害者を女性とは限定していませんが、被害者の多くは女性で、ＤＶは女性の人権を著しく侵害する重大な行為です。

ＤＶは身体への乱暴だけとは限りません。言葉の暴力もれっきとしたＤＶです。

ＤＶを受けたら、身の危険が迫っている場合はためらわずに１１０番通報するか、最寄りの警察署や交番、駐在所に駆け込んでください。

ＤＶの兆候が見えた段階で、地元の自治体の婦人相談所の番号を調べておきましょう。

婦人相談所の電話番号がわからない場合は、内閣府男女共同参画局の「ＤＶ相談ナビ」（０５７０－０－５５２１０）に電話すれば、全国どこからでも、最寄りの相談機関の窓口に電話が自動転送され、直接相談することができます。

婦人相談所は、各都道府県に必ず一ケ所設置されていて、その中に「配偶者暴力相談支援センター」があり、そこでＤＶ被害のカウンセリングや一時保護などの措置を受けることができます。なお、婦人相談所、という名称ですが、ＤＶ被害の男性やセクシャル・マイノリティの方も支援の対象です。

ＤＶの被害は、警察の「生活安全課」で相談にのってくれます。

警察相談専用電話（＃９１１０）に連絡すると、地域を管轄する各都道府県の相談窓口に直接つながります。

全国どこからでも、携帯電話でも利用可能です。

「夫が怖い。何かあったら連絡しますので見に来て欲しい」

と、あらかじめつながっておくことが大切です。

警察は、ＤＶを行う配偶者に対して、暴行罪、傷害罪などを理由に逮捕などの措置をとることができます。

また、被害者の安全確保のための情報提供や、特に緊急性が高いと判断された場合には、一時保護などの措置を行うことがあります。

身体的な暴力だけではなく、暴言などの精神的な暴力を受けている場合も、警察の保護を受けることができます。

ＤＶ被害について、弁護士や、全国の弁護士会の相談窓口に相談をすることができます。法テラスのサポートダイヤル（０５７０－０７８３７４）でも、様々な支援制度や、刑事手続の流れなどの情報提供が受けられます（ＩＰ電話からは０３－６７４５－５６０１）。

保護措置がすぐに必要な場合は、弁護士から一時保護のためのＤＶシェルターの紹介や、保護命令の申立てのサポートなどを受けることができます。

配偶者との離婚に向けた交渉や手続きを弁護士に依頼した場合、弁護士は、配偶者に対し、内容証明郵便などで「受任通知」を出すことになります。

受任通知には「今後は本件については当職（弁護士）が窓口になりますので、通知者本人に対する直接のご連絡はお控えください」といった文言が書かれています。

これによって、配偶者からの連絡はすべて弁護士宛てになることが期待できます。配偶者と直接交渉しなくても済むことは大きなメリットだと思います。

受任通知を送ったにもかかわらず、配偶者から直接連絡が来た場合も、受任通知を理由に、「弁護士宛てに連絡してほしい」と伝えて話合いを拒絶しやすくなります。

DVを受けた場合の避難先として、DVシェルターという施設があります。DVの被害者を、配偶者から隔離し、保護するための施設です。

DVシェルターには、配偶者暴力相談支援センターとしての機能がある婦人相談所や女性センター、福祉相談所などが管理する公的シェルターと、民間のNPO法人や社会福祉法人などが運営する民間シェルターがあります。

DVシェルターでは、配偶者から身を守る場所を提供してもらえるだけではなく、弁護士や福祉事務所などと連携しながら、新しい住まいへの入居や生活保護受給の手続き、就職活動などのサポートをしてくれる場合もあります。

また、DVシェルターの住所は非公開になっており、被害者の安全を確保するための対策がなされているので、安心して利用することができます。

なお、ＤＶによって生命・身体に重大な危害を受ける可能性が高い場合に、被害者が裁判所に申し立てることで、出されるのが「保護命令」です。配偶者からの身体的暴力を防ぐために、配偶者に対して、被害者に近寄らないことなどを命令することができます。

保護命令を申し立てるには、あらかじめ配偶者暴力相談支援センターか、警察署の生活安全課などに、ＤＶについて相談をしておく必要があります。

内閣府はＤＶ対策として、２０２０年4月20日から「ＤＶ相談＋（プラス）」を新たに開設しました。電話の他、メールやチャットでも専門の相談員が対応するＤＶ相談窓口です。

（０１２０－２７９－８８９）https://soudanplus.jp/（電話・メールは24時間受付）

既婚者なら誰しも、「ＤＶと縁のない夫婦（家族）」でいたいと願っていると思います。あなたの中に、何かの拍子に「暴力の衝動」が生まれたら、それが成長しないうちに、これまで夫婦二人が一緒に生活をしていて、**自分が相手に「いらつかなかったとき」のことを思い出してください。**

あるいは、日常的に、夫婦それぞれが家族以外の人とＳＮＳや電話などでつながる時間を作り、**「家庭の閉鎖性」を少しでも弱めるように努めてください。**

家庭という閉ざされた空間で、長い間、同じ生活を続けるのは時として苦痛です。

外出自粛要請が解かれた時は、３つの密（密閉空間・密集場所・密接場面）を避けながら、家族一緒に外に出かけることをおすすめします。

花や景色などを見ながら、家族同士でおしゃべりをするのも自然と、心がやわらぐのではないでしょうか。

ＤＶと縁のない夫婦（家族）でいるためには
自分が相手に「いらつかなかったとき」のことを思い出して実行する
家族以外の人とＳＮＳや電話などでつながる時間を作り
家庭の閉鎖性を少しでも弱める

子どもへの虐待と安全な場所の確保

厚生労働省が、2020年1月から3月に児童相談所で「虐待として対応」した件数を調査した結果、いずれも前年同月比で1割から2割増加し、コロナ禍で虐待リスクが高まったとされています。

家庭という閉ざされた空間で、四六時中親子が接していれば、ストレスは増加します。**「巣ごもり」生活が長引く中、児童虐待の増加が懸念されます。児童虐待は、大人が子どもに絶対に犯してはならない罪です。**

学校が休校になっている間は、教員が各家庭を回るという学校もありますが、子どもたちに〝異変〟が起きていないかを、確認する狙いもあるようです。

児童虐待防止への関心は年々高まっており、4月から施行されている「改正児童虐待防止法」では、親の体罰禁止が定められています。「しつけ」と称して子どもを叩くことは、許されなくなりました。

家族との関係が悪く、ネグレクト（育児放棄）や暴力などに遇《あ》い、家にはいたくないという小中学生や高校生がいます。
コロナ禍で、彼らの受け皿となっていた子ども食堂や、公的な支援施設が次々と閉鎖になり、一層危機的な状況になっているように思います。家庭が子どもたちの安全な場所でなくなったら、他者を家庭に招き入れるか、外に子どもたちの「安全な場所」を確保しなくてはなりません。そういう若年層が安全に過ごせるような「避難場所、逃げ場」が喫緊に必要だと思います。

（主な相談先）

●児童相談所虐待対応ダイヤル（厚生労働省）
（24時間・通話料無料）　１８９

●24時間子供ＳＯＳダイヤル（文部科学省）
フリーダイヤル０１２０－０－７８３１０（24時間）

●子どもの人権１１０番（法務省）

フリーダイヤル０１２０－００７－１１０（平日午前8時30分から午後5時15分まで）

●チャイルドライン（18歳まで）
フリーダイヤル０１２０－９９－７７７７
受付時間：毎日午後４時から午後９時
ネットでのチャット（木、金）　https://childline.or.jp/chat/

●10代のための相談窓口まとめサイトＭｅｘ（ミークス）　https://me-x.jp/

虐待は特別な家庭だけに起こるものではありません。

どんな人でも、様々な事情で追い詰められ、一人苦しみ、心の余裕をなくした末に、虐待にいたってしまうのではないでしょうか。虐待をする親の表面や行動のみを見て判断して責めたり、「自分には関係ない」と思っていては、社会全体で子どもたちを助けることはできません。

大切なのは、「夫婦だけで、あるいは一人で、子育てをすることが難しい」と感じたら

早めに、親兄弟や知人友人、あるいは児童相談所など他者にSOSを発信することです。

僕たちは夫婦ともに全盲で、いわゆる授かり婚でしたので、子どもが生まれるとすぐに、二人だけで子どもを育てる難しさや物理的な困難にぶちあたりました。

そこで妻の母に同居をお願いし、快く引き受けてもらうことになったのです。

そのおかげで、僕は弁護士の仕事を、妻は各地で弾き語りのコンサートを続けながら、二人の子どもを育てています。

義母を中心として、義父、そして僕の父の三人の手助けがなければ、僕たちの子育ては不可能でした。

他者を家庭に招き入れることで、夫婦や親子間にある問題や軋轢《あつれき》など緊張状態の核心部にメスを入れ、ほぐしていくことが大切です。僕たちは子どもが産まれた時から約10年、義母たちの手助けを得ることで、何とか円満な家庭を築き上げることができています。

仕事を終えて、夜、自宅に帰ると、「パパ、パパ」と二人の子どもが待ちかねたように僕に飛びついてきます。

二人は、その日にあったことを事細かに僕に話します。一日の疲れでヘトヘトですが、子どもたちの話を聴くのが僕にとって何よりの疲労回復薬になっています。

平日は子どもたちと過ごす時間が少ないので、量より質と思って、子どもたちとは濃密に触れ合うようにしています。

でも、僕が疲れて面倒くさがり、子どもたちとのスキンシップをパスするようだと、妻から叱責を受けます。

僕たち夫妻にとって、最も大切なのは家族です。

目が見えない僕たちは、日常の中で様々なもどかしさを共有しています。

お互いの表情や子どもの表情を見ることができないもどかしさ、見てあげられないもどかしさ。それらのもどかしさを子どもたちが補ってくれます。

二人の子どももそろそろ思春期の入り口に入るので、いつまでこの親子の状態が続くかはわかりません。

あまり先のことは考えずに、今しかないこの貴重な子どもたちとの時間を大切にしたいと思っています。

「夫婦だけで子育ては難しい」と感じたら
他者にSOSを発信すること
他者を家庭に招き入れることで緊張状態をほぐしていく

老親の遠距離介護をどうするか

新型コロナウイルスによる影響が続く中、「帰りたくても、帰れない」遠距離介護をしている人は、いかにして親の面倒をみればいいのでしょう？

現在、この問題に直面している人が全国的に増えています。

というのも、新型コロナの感染拡大により、行政による都道府県をまたいだ移動の自粛要請が続く中、さらに自分が親に感染させてしまう危険性があることから、地方に住む高齢の親を遠距離介護している子どもたちの帰省が難しくなっています。

里帰り出産の自粛と根っこは同じで、都心に住む子どもが感染者である可能性もあり、そうなると移動の際の交通機関での濃厚接触から始まり、実家の高齢の親をはじめ、親戚縁者、周囲の住民が、見えないウイルスの感染リスクを負っていると考えるのが自然です。

万一、実家で感染が発覚すると、近くの医療機関も緊急のコロナ対策が必要となり、コロナ感染症患者を受け入れるベッドがあるかどうかなど、様々な問題が発生し、大騒動に発展する可能性があります。

遠距離介護については、全国規模で感染拡大が生じている今、地方の介護サービス事業所や住民からも「都会から、地方に住んでいる親の介護に来てほしくない」という切実な声も上がっています。

そこで、近年、こうした遠距離介護における問題を、新しい技術によるサポートで解消を目指すという動きが活発化しています。

面会制限が続く介護施設で今、注目を集めているのが「オンライン面会」という手法です。入居者と家族が直接会わず、スマートフォンなどの画面越しに「面会」することをいいます。

このシステムを導入することで、離れて暮らす子どもが、老人ホームなどで生活している老親の状況を、その目で確認できるようになるというのです。遠距離介護の場でこうした方法が普及すると、介護の不安・懸念材料を減らすことができるのではないでしょうか。

離れて暮らす老親が孤独に陥らないためにできることは、まずコミュニケーションを切

らさないようにすること。

こまめに電話をして、肉声でつながること。そして、手紙や写真、好きな食べ物や花などを送ったりと、つねに親のことを考えていると示すことが大切です。

今後、介護施設の新規受け入れが中止になるなどして、親の在宅介護が必要になる可能性があることをあらかじめ想定しておくことが必要です。

在宅介護には、様々な公的支援があります。

介護についての疑問や悩みは、地域の市区町村の介護保険の担当窓口と、地域包括支援センター、社会福祉協議会が相談にのってくれます。

わが家にも、70代の妻の両親が静岡県から上京して3LDKのマンションで同居をしています。子どもが手のかかる時期には、親に助けてもらい、親に介護が必要になったら家族で協力して助けることができる。今後は、こうした暮らし方が必要とされてくるかもしれません。

帰省できなくても、遠距離介護の親を孤独にさせない
最新ツールも使ったコミュニケーションを利用する
在宅介護には様々な公的支援がある

第2章

仕事の危機を乗り越えるために

バスや電車に乗るのが怖い

2020年4月7日、新型コロナ特措法にもとづく緊急事態宣言が出された翌日、どうしても外せない仕事があり、やむなく電車に乗りました。

ドアが閉まり、電車が動き出すや、異様な静けさに体が包まれるのを感じました。いつも以上に張り詰めた静けさ、緊張感、くしゃみや咳、呼吸する音さえはばかられるような息苦しさ、ピンを落とせば床に落下した音さえ聞こえるような切迫感が、密閉された車内で極限状態に達しているように思えました。

僕も意識して人との距離をとります。自分と人との距離は、物音や話し声、呼吸音などで何となくわかります。

そして極力、手すりやつり革に触れないようにします。

そうなると、転倒しないように必死に両足を踏ん張って立たなくてはなりません。

視覚障害者の僕は白杖を手にしていますが、それはあくまでも安全な場所かどうかを確認するためのものであり、間違っても体重を支えようとしたら即座に折れてしまうでしょう。

「毎日、人前で咳やくしゃみをしないように、ビクビク、ドキドキしながら電車で通勤しています」

「マスクをしていない人がとなりに座っていることもあります。ウイルスに感染しないか不安で、バスや電車に乗るのが怖いです」

ふと、知人の女性がもらした言葉が心によぎります。

「咳やくしゃみをすると、新型コロナウイルスの感染者と思われるのではないか」と息をつめる彼女は、同時に、「他人からウイルスを感染させられるんじゃないか」とふたつの不安と恐怖でおびえているのです。

以前なら、バスや電車で通勤する当たり前の日常が、今や彼女にとって命がけの行為に変わってしまったのです。

平時なら、「バスや電車に乗るのが怖い」というあなたの心理状態を分析し、「その恐怖心はどこから来ているのか。本当にそれは恐怖すべきものなのか。それを見極めることが大切」などとアドバイスをするところですが、今回はバスや電車に乗るのが怖い原因が新型コロナウイルスとはっきりしています。

この得体の知れないウイルスに対抗するためには、マスクやうがいや手洗いだけではなく、心が弱くなりかけたとき、相談できる相手が一人でもいると生きる力がプラスに働くように思います。

これを機に、家族や友人に連絡をとり、相手への愛情や信頼感をあらためて示すことは互いの絆をより深めてくれることでしょう。

「そんな相手がいない」という人は、電話やメール、SNS等で友人や知人に連絡をとったり、新たな友人を作ったりするのもいいと思います。

友人のFacebookに相手を思いやるコメントを書いたり、匿名のTwitterで誰かと交流したりするのもいいでしょう。

お互いの安否を確認しあう、あるいは、不安な気持ちを共有してみる。ほんの少しのコミュニケーションでも、大きな心の支えとなります。

僕の場合、成人するまでは両親が、成人してからは妻が、信頼できる相談相手となっています。

妻は僕と同じ全盲で、彼女は歌、僕はギターと音楽を通じて知り合いました。互いに全盲であるがゆえに共感、共有する世界があることが、僕たちにとって強い絆になっています。

さて、以下は、弁護士として、「ウイルスに感染しないか不安で、バスや電車に乗るのが怖い」というあなたへのアドバイスです。

まず、ラッシュの満員電車を避ける時差通勤を雇用主に申請してください。

雇用主がすぐにあなたの申請を受け入れてくれたら問題ありませんが、万一、あなたの訴えに耳を貸そうとせず、時差出勤を認めてくれない場合には、労働契約法という法律で、使用者には、労働者に対する「安全配慮義務」が課されているのだということを思い出してください。

「雇用主は、労働契約に伴い、従業員がその生命、身体等の安全を確保しつつ労働ができるよう、必要な配慮をするものとする」

通勤電車は、閉鎖空間で乗客同士の距離が近いため、新型コロナウイルスに感染するリスクがあると考えられます。

従業員が新型コロナウイルスに感染しないようにするため、雇用主は、従業員の要望に応じて、安全配慮義務として必要な範囲で時差出勤を認めるべきだと考えます。

もし、あなたが時差通勤を雇用主に申請しても雇用主があなたの希望を退けた場合には、最寄りの労働基準監督署の相談窓口に相談してください。

ただし、「感染が怖いから仕事を休みたい」という理由だけでは自分の都合とされ、通常の欠勤扱いになるので休業手当を受け取ることはできません。

なお、時差出勤は、正社員だけではなく、非正規社員にも同じように認められます。

コロナ危機は命の危機！

時差出勤の目的は、従業員を感染から守ることです。正社員でも非正規社員でも、あなたが希望するなら臆せず、雇用主に時差出勤を求めましょう。

通勤電車の感染リスクを防ごう
不安な気持ちを相談できる相手を一人でも見つけよう
雇用主は時差出勤を認めるべきである

感染予防措置を取られずに勤務させられた

緊急事態宣言が発出される1週間ほど前の3月29日、自宅でパソコンを開くと、衝撃のニュースが飛び込んできました。

2020年3月29日、コメディアンの志村けんさんが新型コロナウイルス感染による肺炎のため、入院先の病院で亡くなったというのです。

70歳で亡くなった志村さん。ウイルス感染の危険性があるため通夜葬儀は一切行わず、火葬場で親族が遺骨を受け取ったとも聞きました。日本を代表する人気コメディアンの死は、新型コロナウイルスと僕たちの距離を一気に縮めました。

志村さんの死から約1カ月後、緊急事態宣言から2週間後の4月23日、今度は女優でタレントの岡江久美子さんが、同じく新型コロナウイルス感染による肺炎のため、亡くなられました。

志村さんは茶毘《だび》に付されたのちに遺骨となって遺族のもとへ戻りましたが、岡江さんの夫と娘は感染防止策を取った上で、遺体の顔を見ることができたといいます。

誰もが、新型コロナウイルスの感染者になり得る。そして、感染したら死のリスクがあることを、二人は身をもって知らせてくれました。

二人の著名人の死の直後から、切実な相談の声が続々と事務所に寄せられています。

「職場で手洗いをしない人やマスクをしない人がいて怖い」

「自分も気づかないうちに保菌者になっていて、他の社員を感染させてしまうのではないか」

勤務中に手洗いをしない人やマスクをしない人がいたら、感染予防のために雇用主に適切かつ目に見える感染予防措置を講じるように要求しましょう。

本来、勤務中に着用するマスクは、雇用主が用意するのが基本です。また、従業員が勤務用に購入したマスクは、雇用主が費用を負担すべきものです。

雇用主は業務指示として勤務中のマスクの着用を義務付けるならば制服と同様、雇用主がそのマスクを準備すべきものといえます。

雇用主は基本的に、勤務する社員の健康に留意、配慮する義務を負っています。

しかし実際は、医療従事者でない限り、社員は自前でマスクは用意しているようです。

ある社員は、マスクを求めていろんな店を回りましたが品薄状態で、容易にマスクを手に入れることができませんでした。やむを得ず、マスクなしで職場に出社したところ、「マスクをしないのは業務命令違反。懲戒処分にする」と通告されたとのこと。

この通告は、懲戒権の濫用であり、無効です。

もし、あなたが「社員へのマスク配布」など、**雇用主に対して感染予防措置を提案したいなら、単独でなく集団でまとまって行う方が有効です。**

雇用主は社員の健康に留意、配慮しなくてはならない
マスク配布など適切な感染予防措置を講じるよう要求しよう
単独ではなく、複数の同僚とともに
改善要求は具体的に

残業や長時間労働で疲弊した

新型コロナウイルス禍の影響で、業績が悪化した企業や倒産する企業が増える中、逆に人手不足や業務量が増大している職場もあります。労働者の労働時間は、「1日8時間・週40時間」が原則です。雇用主がこれを越えて労働者を働かせるためには、社内の過半数以上の労働者の代表との間でいわゆる「36（サブロク）協定」を結んだうえ、その取り決めの範囲内で働かせる必要があります。**新型コロナウイルスで仕事量が増えたからといって、残業や長時間勤務に耐えなければならない理由はありません。**

長時間勤務を続けていると、過労死など健康被害が心配です。雇用主は安全配慮義務として、従業員の心身の健康を損なうことがないように注意する義務を負っています。

たとえ、医療、介護、インフラ、医療用品の製造など、社会的に強い要請がある業務であろうと、雇用主は従業員に対して安全配慮義務を果たさなければいけません。

特に、今回の新型コロナウイルスへの緊急時の対応は、労働時間のみではなく、過度な緊張感やストレスなど従業員には重い負担が生じやすく、労働災害（公務災害）が発生しやすい状態になっているといえます。雇用主は、その点を考慮して、緊急事態だからこそ、従業員の健康状態には慎重な配慮が求められます。

労働基準法では、雇用主に対して、原則として休憩を除き従業員を1日8時間、週40時間を超えて労働させてはならないと定めています。雇用主から与えられた仕事が終わらず自宅へ持ち帰ってやった業務でも、基本的には労働時間になります。しっかりと労働時間を記録して自衛措置をとっておいてください。在宅勤務を命じられた場合も同様です。

ちなみに、従業員に対して、違法に時間外労働をさせた場合、雇用主には労働基準法違反として「6カ月以下の懲役または30万円以下の罰金」が科せられることもあります。

雇用主は、原則として、休憩を除き、従業員を1日8時間、週40時間を超えて労働させてはならない
自宅での業務も労働時間になる

子どもの休校で仕事を休んだ

新型コロナウイルスの感染防止のため、小学校が一斉休校に。子どもが小さいため、あなたは勤務先を休まなければならなくなりました。

その場合、有給の特別休暇を取得することができます。

国は有給の特別休暇制度の導入を推奨しており、臨時休業した小学校や特別支援学校、幼稚園、保育所、認定こども園などに通う子どもを世話するために、２０２０年２月27日から同年９月30日の間に従業員（正規・非正規を問わず）に有給の特別休暇を取得させた雇用主に対し、休暇中に支払った賃金全額（日額１５，０００円が上限、ただし２月27日から３月31日までに取得した休暇分については日額８，３３０円が上限）を助成する「新型コロナウイルス感染症による小学校休業等対応助成金」を創設しました。

雇用主が特別休暇として対応してくれなかったとしても、従業員は、年次有給休暇を自由に取ることができます。

年次有給休暇を取得する場合には、休む理由を雇用主に告げる必要はありません。また、従業員が年次有給休暇を取得する日を指定した場合には、原則として雇用主はその日を変更することはできません。

雇用主が特別休暇として対応してくれなかったり、年次有給休暇の残日数がない場合には、「小学校の一斉休校により子どもの面倒を見る必要があるため休まざるを得ないこと」を雇用主に告げた上で欠勤しましょう。

学校の一斉休校のために、子どもの監護の必要があると告げて欠勤した場合には、その欠勤を理由として解雇することは認められません。

有給の特別休暇の取得を、雇用主に求めよう
子どもの監護が必要との理由を告げて欠勤した場合
解雇は認められない

勤務中に感染したら補償は受けられるか

英国ロンドンのビクトリア駅の女性係員が、「新型コロナウイルスに感染している」と主張する男からつばを吐きかけられたあと、新型コロナに感染し死亡するという事件が起こったのは、今年２０２０年3月のことでした。

死亡したのは47歳の女性で、同僚と二人で駅のコンコース（大通路）にいたところ、男からつばや咳を浴びせられ、その数日後に同僚とともに新型コロナウイルス感染が判明。その後、病院に搬送され人工呼吸器が装着されましたが、３日後に死亡。感染の危険にさらされながら、懸命に社会を支える労働者への攻撃に非難が集まったといいます。

同様の事件は、愛知県でも起こりました。

「俺、コロナだぞ」

と言って、町の公共施設の女性職員に63歳の男がつばを吐きかけたとして、警察に威力業務妨害の疑いで緊急逮捕されました。

しかし、男は平熱で、血中の酸素飽和度にも異常はなく、味覚障害もない状態。つまり、新型コロナウイルス感染者ではありませんでした。

「退館を促されて腹が立った」

と、とっさの〝犯行〟であったというのです。

ふたつの事件は、新型コロナウイルスの、恐怖と不安をあらためて突き付けています。

もし勤務中に、新型コロナウイルスに感染した場合、労災（労働災害）と認定されれば、療養補償、休業補償を受けることができます。

その場合、まず、労災（労働災害）の申請をしましょう。

労災保険の給付請求は、原則として業務災害に遭ってしまった本人が、労働基準監督署に対して行います（従業員の方が亡くなってしまった場合、その遺族の方が行います）。

労働基準監督署において必要な調査を行い、労災保険法（労働者災害補償保険法）に基づき、一定の補償、たとえば、医療費に相当する療養補償、休業した部分に相当する休業補償を得ることができます。

労災保険は国が管掌する強制保険につき、「うちの会社では労災の制度は使えない」ということは、原則として通用しません。

ただし、「勤務中に罹患《りかん》した」と認められる必要があるので、「自身の感染経路を証明することが必要」となり、時間と労力がかかります。

速やかな補償を受けるためには、労災の認定を受けなくても、4日以上連続で業務に従事できなかった場合に、健康保険の傷病手当金を受給することができます。

ちなみに、国民健康保険には傷病手当金はありません。

ところで、中には、雇用主がコロナ感染を「労災ではない」として、コロナ感染の事実を隠そうとする場合も考えられなくはありません。

これは労災隠しであり、労災隠しは犯罪です。

労災隠しとは、労災が発生した際に雇用主が労働基準監督署への報告を怠る、または虚偽の報告をすることです。

本来、労災の報告は義務とされていますが、手続きが面倒であることや、雇用主側の無知など様々な理由で、実際は労災隠しが起きてしまいます。

なお、通勤中に新型コロナウイルスに感染した場合であっても、労災認定を得られる可能性がありますが、〝見えないウイルス〟ゆえ、「自身の感染経路を証明すること」は容易ではありません。

しかし、その場合もあきらめずに、労働基準監督署に相談してみてください。

まず、労災（労働災害）の申請をすること
労災と認定されれば、療養補償、休業補償を受けることができる
ただし、勤務中に罹患したという感染経路を証明することが必要

勤務外で感染したら給料はもらえるか

あなたが勤務外で、新型コロナウイルスに罹患した場合、その病原体を保有しなくなるまでの期間、勤務先での就業が制限されます。**つまり、あなたが感染して出勤できない場合、雇用主はあなたに給料を支払う義務はありません。**

あなたが雇用主に休業手当の支給を求めることも困難です。

それでは困ってしまいます。

では、どうしたらいいのでしょうか？

会社によっては、就業規則などに、病気で休んだ場合の賃金補償（100％補償するとか、70％補償するなど）が定められていることもありますので、そのような制度がないかどうか就業規則などを確認してみましょう。

また、4日以上連続して業務に従事できなかった場合、健康保険法等を根拠とする傷病手当金を受給することができます。

休みの間、会社から給料がもらえなかったとしても、健康保険から「傷病手当金」がもらえるというわけです。

毎月の給料の3分の2程度がメドで、休業4日目から最長1年半、支給されます。

ただし、自営業者やフリーランスが加入している国民健康保険には傷病手当金はありません。

病原体を保有しなくなるまでの期間、就業が制限され賃金の請求も、休業手当の支給を求めることも困難会社独自の賃金補償制度があればそれを利用し、なければ健康保険から「傷病手当金」を受給

感染が怖いのでテレワーク（在宅勤務）にしたい

感染拡大の収束（終息）が見えない中、あなたが希望するなら雇用主にテレワーク（在宅勤務）を求めましょう。

前述したように、雇用主には、労働者の心身の健康や安全に配慮しつつその者を働かせなければならない「安全配慮義務」がありますので、時差通勤などに加え、在宅勤務が可能な職種については、在宅勤務の積極的な導入が求められます。そして在宅勤務中も労働基準法などの諸法令が適用されます。

しかし、雇用主が、「在宅勤務中は会社に出社しないのだから賃金を減らす」と言ってきたら？

その時は、雇用主には、通常勤務と同じ賃金を支払うように要求しましょう。

在宅勤務は雇用主も了解の上のことですから、賃金を雇用主の都合のみで一方的に引き下げることは違法であり、許されません。これは在宅勤務を、雇用主が一方的に命令する場合であっても同様です。

ただし、従業員と雇用主の合意によって、賃金を変更することは可能です。

在宅業務中も、労働基準法などの諸法令は適用される
雇用主は、在宅勤務であることを理由に
給与を引き下げることはできない

感染の疑いありと自宅待機を命じられた

咳やくしゃみが続き、新型コロナにかかったかもしれません。雇用主からは感染の疑いありと、自宅待機するよう命じられました。この場合、給料はもらえるのでしょうか？

感染したかどうかはっきりしない段階で、雇用主が感染の疑いを理由として、業務命令として一方的に在宅待機を命じる場合には、雇用主の責に帰すべき事由による休業といえるので基本的には給与の全額の支払いが補償されます。

感染の疑いを理由に、業務命令として一方的に自宅待機を命じられたら、給料の全額が補償される

会社が休みになったら給料はもらえるか

感染拡大予防のために会社が休みになったら、その間の給料は支払ってもらえるのでしょうか？

雇用主の業種や形態などによっても異なりますが、従業員は、雇用主に対して賃金全額の支払いを求めるべきです。

国や東京都など地方自治体から自粛要請を受けたとしても、雇用主が従業員に労務を提供させることが可能であるのに、自らの判断によって休みにする場合には、「雇用主の責めに帰すべき事由」があるものと考えられます。

そのため、感染拡大予防を理由として会社が休みになった場合、その休み中の賃金は全額支払われるべきです。

ただ、今回のように、政府の緊急事態宣言や都道府県知事の外出自粛要請で会社が休みになったケースの場合、休業期間中に全額の賃金請求となるか、6割の休業手当が請求できるか難しい場合もあります。
弁護士や労働組合などに相談することも考えてみてください。

雇用主に対しては賃金全額の支払いを求める
全額もらえなくても、６割相当の休業手当を請求しよう

コロナを理由に退職勧奨された

「今、あなたの仕事がない。新型コロナウイルスが収束（終息）したら必ず雇うから、当面の間は我慢してほしい」と会社に言われたら、それが「離職」（会社を辞めること）なのか、休業を命じているのか、はっきりと確認することが大切です。

会社が離職について言及している場合には、さらに、「解雇」なのか、「退職勧奨」されただけなのか、はっきりと確認を取るようにしてください。

解雇とは雇用主からの一方的な労働契約の解約です。これに対し、退職勧奨は、労使双方の合意による労働契約の解約を目指した雇用主からの申込み（雇用主が従業員による申込みを誘っている）にすぎません。

退職勧奨の場合、従業員には退職勧奨に応じる義務はありません。自分から簡単に辞めると言わないこと。一人で抗しきれない場合には、労働組合に相談したり、弁護士に相談することをおすすめします。

同じように退職勧奨を受けている同僚がいれば、連携して断ることも考えられます。

退職勧奨を受け入れる場合、会社が再雇用を約束するのであれば、必ず「具体的な再雇用時の条件について念書」を作成してもらいましょう。単に、「業績が回復したら」とか、「再雇用に努めます」といった抽象的な文言では、再雇用を拒否されても保護されない可能性があります。できるだけ具体的な条件を記載してもらいましょう。

また、離職している間の生活保障などを交渉してみることも考えられます。

離職票を作成してもらう際に、「自己都合」ではなく、必ず「会社都合」としてもらいましょう。自己都合退職としてしまうと、失業手当の支給開始日や支給日数等に違いが出ますから、注意してください。

退職勧奨に応じる義務はない
自分から簡単に辞めると言わないこと
応じる場合には、再雇用を約束する書面の作成を求めること

突然、解雇を通告された

「新型コロナウイルスの外出自粛で、業績が悪化した」という理由で、都内のタクシー会社が、グループ会社を含む約６００人の運転手全員を解雇する方針とニュースが報じていました。

タクシーは密閉空間ということで、僕もタクシーには乗らず、裁判所に行くのにも電車を利用します。もっとも、裁判所は緊急事態宣言が出て以降、法廷の開廷期日が延期になっていますが……。

先に述べたように、解雇とは雇用主の一方的な意思表示による労働契約の解除のことで、解除に当たり従業員の合意がないものをいいます。**当然ながら、解雇は従業員に大きな不利益をもたらすことから、先進諸国では不公正解雇は法律で禁止されています。**

ともあれ、コロナ禍の影響でこれから多くの従業員が解雇され、失業率の高い社会になることが懸念されます。

「感染によるリスクが高いので休みたいと言ったら、どうしても休むならと解雇を言い渡された」

「感染リスクを怖れ、配置転換を希望したら解雇を言い渡された」

など、ラジオをつけると「コロナで解雇された」というリスナーの投書が読み上げられ、事務所にも連日、雇用への不安の相談が寄せられます。


もし、雇用主から解雇を言い渡されたら、どのように対処すべきでしょうか？

突然、解雇を言い渡されて頭が真っ白になって、言われるがまま退職届を出し、何の保障もなしに仕事を失ってしまったという方も少なくありません。

「辞めてほしい」

と勤務先から言われても、**すぐに承諾してはいけません。**

もし、あなたが辞めたくなければ、「僕は辞める意思はありません」とはっきり伝えるべきです。「それでも辞めろというのですか！」と。

「倒産しそうだから辞めてもらうしかない」などと言って、退職届にサインさせようとする雇用主もあるようですが、安易に応じてはいけません。

まずは、雇用主が解雇をするつもりなのか、退職を促している退職勧奨なのかを確認する必要があります。

解雇とは、雇用主が一方的に労働契約を解約すること。従業員の同意を得ることなく契約を終了させることです。

「客観的に合理的な理由を欠き、社会通念上相当であると認められない」解雇は、権利を濫用したものとして無効とする旨が、労働契約法16条に定められています。

このハードルは極めて高く、コロナ危機のさなかであっても、解雇は容易には認められません。つまり雇用主は、従業員が同意しなければ、一方的に会社を辞めさせることは、よほどの事情がない限りできないと考えてよいでしょう。

また、退職勧奨とは、「辞めてもらえない？」などと、雇用主が従業員に対して退職の合意を誘うことをいいます。

このような退職勧奨は断ることができます。

「辞めるつもりはありません」、「退職勧奨に応じる気はありません」と自分の意思を雇用主にはっきり伝えることが大切です。

それでも雇用主は、「解雇だと再就職で不利になる」などと言葉巧みに退職に合意させようとするでしょう。法律上、解雇が認められにくいことを知っているからです。

しかし、いったん退職届にサインしてしまうと、両者の合意にもとづいて労働契約を終了させたことになり、その後、あなたがその撤回や取り消しを訴えて争うことは極めて困難になります。

納得がいかないのであれば、雇用主から言われるままにサインをせず、「考えさせてください」などと、返事を留保するのが賢いやり方であり得策です。

もし、退職を拒否しているにもかかわらず、雇用主が執拗に退職勧奨を繰り返した場合には、違法な退職強要となり、損害賠償請求の対象となります。

相手にわからないようにスマホのボイスメモ等を使い、やりとりを録音し、メモ等によって記録しておくことが大切です。

一方、この会社にいても先が見えないと思うときは、退職勧奨に合意して、早めに失業手当を受けて、転職するという選択肢もあります。

その場合でも、できるだけ良い条件で辞めるように交渉すべきです。

「今日付で退職する」と合意すれば、当然、給料はその日分までしか支払われません。解雇の場合、30日前に予告をし、足りない日数分の平均賃金（解雇予告手当）を支払わなければなりませんが、退職の場合、そのような支払義務は生じません。

何の交渉もなく退職勧奨を受け入れてしまうと、従業員側は大きな損をしてしまう可能性が高いので、このようなことにならないよう、退職の条件について、雇用主としっかり交渉する必要があります。

金銭的な補償を求める、退職金を上積みする、離職理由は「会社都合」とする（離職理由を「自己都合」とされてしまうと、失業手当を受給する際に不利になってしまうため、注意が必要です）、残っている有給休暇を買い取ってもらうなど、従業員側から退職の条件を提示し、ここは納得できる条件を徹底して模索し、提示するべきでしょう。

転職先が見つからない状況で仕事を失うことは即、生活に困窮することにつながりかねません。

「新型コロナウイルスの影響で売上が下がった」

などとコロナに便乗する形で従業員を辞めさせるケースも出ているようですが、**新型コロナウイルスの影響による解雇は整理解雇とされ、厳格に制限されます。**

裁判で争えば、解雇が無効だと判断される可能性が高いといえます。法的に争う姿勢を示せば、雇用主が解雇を撤回することもあります。納得がいかない場合は、労働組合や弁護士、労働基準監督署等に相談すると良いでしょう。

また、半年契約、1年契約といったように期間を定めて雇用されている非正規雇用の場合でも、雇用主は「やむを得ない事由」がなければ、契約期間中に解雇することはできません。

「やむを得ない事由」といえるか否かについては、正社員に対する通常の解雇よりも厳しく判断されます。もともと契約期間が決まっているわけですから、途中で契約を解約せざるを得ないほどの特段の事情がない限り解雇は認められません。

「やむを得ない事由」がないのに契約期間中に辞めさせられる場合には、期間満了までの給与全額を雇用主に請求することができます。

「退職勧奨」にしても、「解雇」にしても、従業員としてどのような判断を下すか、それによって人生は大きく変わります。その後の分水嶺《ぶんすいれい》となるだけでなく、将来にわたって禍根を残さないためにも、判断を下す前に、労使関係や労働問題に詳しい弁護士に相談されることをおすすめします。

なお、一度結論を下したあとでも、さかのぼってその判断が適切であったか否か、相談することも可能です。

> コロナの影響による解雇は厳格に制限される
> 退職する場合でも納得できる条件を徹底して模索し、提示すべき
> 非正規雇用でも、契約期間中は解雇されない

新卒採用の内定が取り消された

２０２０年3月、新型コロナウイルスの感染拡大が企業活動に影響を与えていることを受けて、政府は、経団連や経済同友会などに新卒の採用内定者に対して、内定取消しをしないよう要請を出しました。

感染症による企業業績へのマイナスの影響が大きい業界を中心に内定取消しを検討する企業が増えることを懸念し、この要請に至ったようです。

日本では、新卒一括採用が慣行となっており、早い時点で内定を出します。企業は、他の企業を受けさせないために、学生から誓約書を取り、内定辞退を避けることが行われています。

学生にとっても、内定とは就職が決まったことを意味し、当然、その企業に就職することを前提に他の就職活動をやめるのが一般的です。

２０２１年の入社組で、すでに多くの企業が選考（オンライン面接も含めて）、内定（内々定）を出していると思われますが、「このままコロナの感染が収束（終息）しないと、採用取りやめになるのでは」と不安にかられる学生が増えています。

実際、「採用内定を得ていた雇用主から、内定を取り消すと連絡がありました」との相談が寄せられていますが、その理由は、「新型コロナの影響で業績悪化し、事業縮小となったため」というものです。

内定を取り消されると、学生の人生設計に大きな狂いが生じます。

法律的には、雇用主が採用内定を通知したり、採用予定者が承諾書を提出したりした時点で労働契約が成立しており、雇用主は自由に内定を取り消すことはできません。

つまり、採用内定の取消しは、解雇と同じです。

雇用主は、通常の解雇と同様、客観的に合理的な理由を欠き、社会通念上相当であると認められない場合、その内定取り消しは、権利を濫用したものとして無効となります。

具体的には、現在の雇用主の経営上、内定取消しをしなければならない必要性があること、雇用主が内定取消しを回避する努力を行ったこと、内定取消対象者の人選が適正であること、対象者と誠議をもって協議したこと、という4つの条件をすべて満たさなければその内定取り消しは無効だということができます。

単に、**「コロナ禍の影響による事業縮小」のみを理由にした内定取消しは、無効となるものと考えられます。**

前述したように、今回の新型コロナウイルス禍については、政府が主要経済団体に対し、新卒の採用内定者について「特段の配慮」を要請しています。

具体的には、採用内定取消を防止するため、最大限の経営努力を行う等あらゆる手段を講じること、やむを得ない事情により採用内定取消又は採用・入職時期の延期を行う場合には、対象者の就職先の確保について最大限の努力を行うとともに、対象者からの補償等の要求には誠意を持って対応すること、とされています。

内定取消しを通告してきた雇用主には学生側も、政府の通知を示して安易な内定取消をしないように求めることが大切です。

雇用主側も、入社前であり、正式な雇用を結んでいないからと軽く考え、内定を取り消すと、のちのち紛争化してしまう可能性があることを十分に認識すべきです。悪質な内定取り消しだと判断されれば、行政による企業名の公表という制裁が科されることもあります。紛争がおこり社名が公になれば企業価値を損ない、翌年以降の採用活動に悪影響を及ぼしかねません。

内定取り消しが無効である場合には、労働契約は存続し、その会社で働くことができることになります。そのためにも、撤回を求めて雇用主と話し合うべきです。

もっとも、法的には会社に内定取り消しを撤回させたとしても、一度もめるとおいそれと入社しますというのも考えにくいといわざるを得ません。となると、**入社予定だった会社に金銭的な補償をしてもらい、他の会社を探すということも一つの考え方でしょう。**

日本社会では、「大学の新卒雇用」はゴールデンチケットなので無駄にはしたくない。使わないのはもったいない。コロナ危機をチャンスと捉えて、これを機会に新しい会社に目を向けるのもいいかもしれません。

なお、厚生労働省では行政指導を強化しており、採用内定の取り消しを行った場合、企業名が公表される可能性があります。

実際に、新卒の採用内定取り消しを受けた場合は、労働基準監督署か弁護士に相談をされるといいと思います。

その場合、企業の「採用内定通知書」や採用予定者が提出した承諾書のコピー、企業の担当者名と内定の取り消しの言い分ややりとりを記録したメールや電話での声を録音したものがあれば弁護の資料として有益です。

「コロナ禍の影響による事業縮小」のみを理由にした内定取り消しは無効
採用内定の取消しは、解雇と同じ
労働基準監督署か弁護士に相談を

コロナを理由に派遣切りにあった

派遣社員について、派遣期間が一年や半年などと決まっている契約期間の途中で、「新型コロナウイルスの影響で経営が厳しいので解雇する」と言われた場合、契約期間満了までの賃金を派遣元に請求することができます。

有期の（期間の定めのある）派遣労働契約の場合、「やむを得ない事由がある場合でなければ、」契約期間途中に解雇することはできません。

この「やむを得ない事由」は正社員に対する通常の解雇よりも厳格な要件だと解されています。

期間の定めのない雇用契約とは異なり、有期雇用契約の期間の定めは、その期間は原則として雇用を保障するという趣旨であり、よほどのことがない限り、解雇することはできません。

契約期間満了を待つことなく直ちに雇用を終了せざるを得ないような特別の重大な事由

が必要であるということです。

単に「新型コロナウイルスの影響で会社の経営が厳しくなった、人がいらなくなった」とか「仕事が少なくなった」などという理由では、契約期間途中の解雇は認められません。

なお、雇用期間が契約期間満了で終了すると言われたら、派遣労働契約の更新を求めて派遣元や派遣先と交渉しましょう。

派遣元に対して雇用安定措置を求めることができます。

新型コロナウイルスの影響があるというだけで「派遣切り」が許されていいということにはなりません。

雇用調整助成金等の制度を利用しながら、雇用をつなぐように粘り強く交渉していきましょう。

派遣労働者に対しては、派遣元事業者は「雇用安定措置」を取るべき努力義務や措置義務があります。

それを利用して交渉しましょう。

契約期間中に解雇された場合、
期間満了までの賃金を派遣元に請求することができる

失業したら雇用保険を頼る

万一、失業したら、頼りになるのが雇用保険の制度です。加入期間や年齢によっても異なりますが、**失業後、次の仕事を探している間は以前の給与の45～80％程度の基本手当が受け取れます**。新型コロナの影響で会社が経営不振に陥り、退職奨励を受け入れ退職したり倒産したりといった理由で離職した場合は「特定受給資格者」（会社都合退職）となり、自己都合退職より受け取れる時期が早まり、失業手当（基本手当）の所定給付日数が手厚くなる場合があります。離職票に記載された離職理由を確認しましょう。

失業後、次の仕事を探している間は以前の給与の45～80％程度の基本手当が受け取れる

仕事が激減した自営業・フリーランスのために

「自粛要請で仕事がキャンセルされ、収入が激減。このままでは生活していけません」

事業基盤が弱く、収入の減少が生活基盤の悪化に直結しやすい自営業、フリーランスは今、新型コロナウイルスの影響により生活や仕事の危機に直面しています。

まず仕事のキャンセルについては、「契約書やメールのやり取り」を確認しましょう。

「契約書等において取り決めがある場合」は、仕事のキャンセルは、原則として、締結している契約の取り決めにしたがって対応することになります。

そのため、キャンセルの時期にしたがってキャンセル料を請求していくことが原則になります。

その場合、新型コロナウイルスの影響とはいえ、依頼者からのキャンセルになりますので、依頼者の都合によるキャンセルを基礎にキャンセル料の請求をしていくのが原則です。

さて、政府が新型コロナ感染症の対策として、自営業、フリーランスの方への影響を緩和、最小限にするために打ち出した支援策は次の3点です。

どの支援が、自分にとってベストなセーフティネットになり得るかを考えて、速やかに申請し、給付を受けてください。


1点目は「持続化給付金」です。

対象は、中小企業、小規模事業者、フリーランス、医療法人、農業法人、NPO法人、社会福祉法人など、幅広くなっています。

持続化給付金の給付額は、原則、法人200万円、個人事業者等100万円です。

ただし、前年からの売上の減少分を超えないものとするとありますが、新型コロナウイルス禍の影響を受けている人ならほとんどあてはまるはずです。

「正直、200万円、100万円じゃ、事業の継続は無理」という人もおられると思いますが、まずはこの持続化給付金を確保しましょう。

申請から2週間程度で振り込みとなる予定です。


2点目は、家賃が払えない人のための支援策です。

人間、仕事がなくなっても衣食住は必要で、中でも住居は家賃がかかります。心身の健康を守るためにも、住まいの確保は何よりも大事です。

その際に役に立つのが、市区町村など各自治体が給付する「住宅確保給付金」です。経済的な理由で住まいを失った人、家賃を払えなくなりそうな人に、期限つきで、自治体が家賃を代わりに払ってくれるというものです。

もともとは、失業等により求職活動をする人のために設けられた制度ですが、新型コロナウイルス禍の影響を受けて、２０２０年４月から支給要件が緩和され、休業等によって収入が減った人（社員・アルバイトなど雇用形態は問わない）や自営業やフリーランスも対象となりました。

自治体ごとに収入・資産・家賃の基準額が異なりますが、東京23区などに住む３人世帯の場合、最大６万９８００円の家賃補助が原則３カ月（最長９カ月）受けられます。

生活が困窮し、住宅確保給付金を受けざるを得ない状態に陥ったら、すぐに申請し、住む場所を守りましょう。

3点目は、国民に一律に配られる支援策、10万円の給付金です。
①国籍を問わず、4月27日時点の住民基本台帳に記載されている人が対象。
②手続きは、住民票がある市区町村から送られてくる申請書に記入、返送する郵送形式（世帯主がマイナンバーカードを持っている場合は、オンライン申請もできる）。世帯主に家族分の給付金がまとめて振り込まれる。
③申請期限は、受け付け開始から3カ月以内。
④支給の開始日は各市区町村が決定。

また、次のような支援策もあります。

「小学校休業等対応支援金」は、新型コロナウイルスによって、一時休業した小学校等の子の保護者が、就業できなかった日数に応じて定額4100円/日を支援します。

また、「生活福祉資金貸付制度の特例措置」が始まっています。これは、新型コロナウイルスの流行を受けて収入が減少した方の生活費確保のため、市区町村の社会福祉協議会が窓口になって実施されている制度であり、無利子で最大20万円までを、貸し付ける「緊急小口資金貸付制度」と、3カ月間月額最大20万円までを無利子で貸し付ける「総合支援資金貸付制度」の2種類があります。

持続化給付金の給付額100万円を申請、受給を
自治体から家賃補助が原則3カ月(最長9カ月)
国民に一律配られる支援策、10万円の給付金の確認を

第3章

暮らしと心の危機を乗り越えるために

コロナを騙《かた》る悪質な手口

いつの世も、人の弱みや混乱につけこんで商売をしようという悪質商法や、それをたくらむ悪い人間が存在します。それゆえ、法律が意味を持つわけですが……。

「助成金がある」「お金が返ってくる」などの電話やメールが見知らぬ人から届いたら要注意、無視しましょう。

国民生活センターの「新型コロナウイルスを口実にした消費者トラブル」によると、「助成金があるので個人情報を教えてほしい」などの〝なりすまし〟や、〝オレオレ詐欺〟などの相談が、全国から寄せられており、新型コロナウイルスに便乗した悪質商法に注意を呼びかけています。

まず、他人のふりをして活動する、「なりすまし」の事例を紹介します。

（事例１）新型コロナウイルス対策室を名乗り、個人情報を聞き出す不審な電話を受けた。

「〇〇市コロナ対策室です。この度は新型コロナウイルス感染のことで、大変ご心配をおかけしています。お見舞い申し上げます。市では、このような皆様に助成金をお配りしています。お子様一人当たり3万円です。つきましてはキャッシュカードの番号または銀行口座番号に振り込みますので番号を教えてください」という電話がかかってきた。被害にはあっていないが、不審だ。

（事例2）携帯電話会社名で、新型コロナウイルス関係の助成金を配布するとのメールが届いた。

「〇〇〇（携帯電話会社名）の会員の皆様へ」とあり、「新型コロナウイルスの影響で不安な日々をお過ごしかと思います。弊社社員一同も早期解決を祈るばかりです。さて、〇〇〇では会員様に少しでも快適な生活を送っていただくため、事態収束まで毎月『助成金配布』を決定いたしました。毎月総額『1億円』を会員の皆様に限定配布させていただきます」というURLが添付されたメールが届いた。URLを開くと当選金として2400万円が無料でもらえるとあり、振込口座情報を送信するようになっていた。不審だ。

（事例3）自宅の固定電話に男性の声で「新型コロナウイルスの検査が誰でも無料で受け

られる」と言われた。

「マイナンバーカードが必要」と言われ、持っていると伝えると「検査は自宅で受けられる簡易なものなので、これから自宅に行く」と言われた。違和感を覚えたので「市役所に確認する」と言うと、一方的に電話が切られた。詐欺ではないか。

このように、新型コロナウイルス対策に便乗し、市役所などの公的機関や携帯電話会社などになりすまして、個人情報や口座情報を詐取《さしゅ》しようとする手口が横行しています。

銀行口座が特定されてしまうと、キャッシュカードの偽造や出金、押し貸し（無理やりお金を振り込み法外な利息をつけて返済を要求する手口）などをされるリスクがあります。

電話やメール等で「助成金があるので個人情報や口座情報を教えてほしい」と言われたら、詐欺の疑いがあります。

こうした電話はすぐに切り、メールは無視してください。

絶対に口座情報や暗証番号等を教えたり、キャッシュカード等を渡さないでください。

金融機関の職員を装って、「新型コロナウイルス関連で確認が必要」と言い、口座情報や暗証番号を詐取しようとする相談が見られます。事業者団体や金融機関、警察が暗証番号を尋ねたり、キャッシュカードや通帳を送るように指示したりすることは一切ありません。電話や訪問をされたり、メール等が届いたりしても、絶対に口座情報や暗証番号等を教えたり、キャッシュカード、通帳、現金を渡したりしないでください。

「なりすまし」以外に、「オレオレ詐欺」があります。こちらも注意が必要です。

犯人は、住所等が記載された電話帳や学校の卒業生名簿など、事前に多くの個人情報を入手してから、だましの電話をかけています。

家族の職場の関係者や警察等の官公庁、金融機関等を名乗る電話があった場合、すぐに信じることなく、相手が名乗った先の電話番号を調べましょう。そして、そこに電話をかけてきた人物が本当にいるかどうかを確認しましょう。

他人には絶対に現金を手渡したり、キャッシュカードなどの暗証番号を教えてはいけません。お金を「送る・手渡す・振り込む」前に相談しましょう。

大変残念なことに、悪いことを考える者は、コロナ危機など、人が心配や不安を感じているときに詐欺などの違法行為をくわだてます。

根拠のないうわさなどに混乱せず、正確な情報に基づいて冷静に対応しましょう。

万が一、不審な電話やメールの主に個人情報や口座情報を伝えてしまった場合は、すぐに警察や消費生活センター等に相談してください。新型コロナウイルス給付金関連消費者ホットラインは、局番なしの「188番（いやや！）」です。

お住まいの市町村や都道府県の消費生活センター等をご案内する、全国共通の3桁の電話番号です。

助成金があるので個人情報を教えてほしいなど〝なりすまし〟や〝オレオレ詐欺〟の新しい手口に注意
他人に現金を手渡さない。キャッシュカードの暗証番号を教えない

〝自粛警察〟の危うい正義感

新型コロナウイルス禍による緊急事態宣言下、営業の自粛要請が出ているにもかかわらず、営業自粛に応じない飲食店や菓子店等に対して、「なぜ休業しないのか」とインターネット上で情報をさらしたり、営業中の店舗に張り紙をして攻撃するなど、私的に自粛を強いる「自粛警察（ポリス）」と呼ばれる行動が社会問題になっています。

彼らの多くは正義感に基づいての行動とみられますが、自粛とは本来、自分で自分の行いをつつしむこと。生活を激変させた新型コロナウイルスの感染不安に加え、長期間、強いられる不自由な自粛生活のストレスやうっぷんが、ときに過剰になり、一部の暴走につながっていると考えられます。

しかし、〝自粛警察〟から被害を受ける店側に立つと、店名がインターネット等で公表されると、瞬く間にSNSを通じて拡散し、店や来店客に対する誹謗中傷が広がります。

〝自粛警察〟のとっさの感情に動かされたその行動は、危うい正義感から来ており、人権

侵害や刑事事件に発展するおそれがあります。つまり、訴えられて刑事事件の被告になる可能性があるのです。

弁護士の立場から、〝自粛警察〟には感情的な言動の制御を切に求めたいと思います。

ところで、こうした営業自粛の要請や自粛要請に応えなかった場合の店名の公表等は本来、行政側が新型インフルエンザ等対策特別措置法に基づいて行うものです。

「新型コロナウイルスの感染拡大を防ぐため」という理由で、一般市民が店に営業自粛を強要する権利はそもそもありません。

意見を述べることについては、憲法21条で「表現・言論の自由」が認められていますが、「営業自粛」を強要することまではできません。

また、行政が行う営業の自粛要請も「営業禁止」ではないため、違反に対して罰則を科するなどの強制力はありません。

行政でも強制できない営業自粛を、一般市民が店に強要しようとすること自体、あり得ないことなのです。

一般市民が〝自粛警察〟として店に営業自粛を強要した場合、義務のないことを行わせる強要罪や、脅したり圧力を掛けたりするなどの威力を用いて営業を妨害する威力業務妨害罪、または、それらの未遂罪にあたる可能性があります。

営業中なのに「営業自粛中」など虚偽の張り紙をして人をあざむく行為、店の営業を妨害する行為は、偽計業務妨害罪にあたる可能性があります。

店の名誉や評価をおとしめたり、侮辱したりすると名誉毀損《きそん》罪、侮辱罪にあたる可能性があります。

また、扉が開かないように張り紙を入り口に貼るなど、店の扉の機能を害する行為をすると器物損壊罪に問われる可能性があります。

加えて、軽犯罪法1条33号の「みだりに他人の家屋その他の工作物にはり札をし、もしくは他人の看板、禁札その他の標示物を取り除き、またはこれらの工作物もしくは標示物を汚した者」に該当し、拘留または科料《かりょう》に処される可能性があります。

ただし、情状によりその刑を免除できる一方、情状が悪いと、拘留および科料を併科《へいか》する（あわせて科す）ことができます（同法2条）。

民事では、営業妨害や名誉毀損により発生した損害（張り紙でお客の数や売り上げが減った、精神的損害）の賠償を、加害者が請求される可能性があります（民法709条不法行為）。

〝自粛警察〟のとっさの感情に動かされた行動は
人権侵害や刑事事件に発展するおそれがある
訴えられて刑事事件の被告になる可能性がある
感情的な言動の制御を切に求めたい

医療従事者への誹謗中傷

「タクシーに乗車拒否された」

「保育施設に子どもを預かってもらえない」

大阪市のある病院は新型コロナウイルスの専門病院となることが決まった2020年4月中旬以降、医療従事者や職員への差別や偏見、誹謗中傷や風評被害に遭っているといいます。

そのニュースを聞いたとき、強く胸が痛み、やりきれない哀しみと怒りを感じました。

それは、僕たち夫婦がともに視覚障害者であり、今日まで医療従事者など様々な人たちの力を授かって今があることに感謝しているからでもあります。

新型コロナウイルスの感染が深刻化するにつれて、同種の差別や偏見、誹謗中傷や風評被害は全国に広がっています。

そして、それら「差別の芽」は僕たち一人ひとりの心のなかにあるものです。

特に、医療従事者は、人々の生命・身体を等しく守るため、尊厳を持って最前線で、昼夜を問わず献身的に新型コロナウイルス感染症の治療や検査にあたっています。

また、感染者は、自らの生命・身体の不安に加え、家族や友人を含め外部との接触を制限される寂しさ、他者に感染させてしまったかもしれない、との自責の念など精神的にも苦しみながら治療を続けています。

感染者の家族や関係者も、自らも発症するのではないかとの不安を感じながらも、必死の思いで感染者を支えています。

これらの人々への嫌がらせや誤解、差別や偏見、誹謗中傷、プライバシー侵害は、人として、してはいけない行為です。

受け手に深刻な心の傷をもたらすからです。

それらの行為は、人権侵害となり、さらには刑事罰の対象にもなりかねません。

名誉毀損罪（刑法２３０条１項、３年以下の懲役若しくは禁錮又は50万円以下の罰金）が成立して刑罰を受けることがありますし、不法行為（民法７０９条）として損害賠償金を支払う義務が生じます。

誰も好んで、ウイルスに感染するわけではありませんし、感染のリスクは誰にだってあります。

感染症のまん延を防ぐには、一人ひとりがお互いを思いやる気持ちをもって、冷静に行動することが何よりも大事だと思います。

【不当な差別やいじめ等の相談窓口】
新型コロナウイルス感染症に関連して人権侵害を受けた場合は、以下の相談窓口で相談を受け付けています。新型コロナウイルス感染症による差別やパワーハラスメントなど、様々な人権問題についての相談を受け付けます。
●法務省　みんなの人権110番
0570－003－110（全国共通）
（平日 午前8時30分から午後5時15分）

視覚障害者となってから、僕は多くの差別や偏見を受けてきました。一方、僕はこれまで幾度か、見知らぬ人たちに命を助けられました。
大学に行く途中、山手線の新宿駅のホームで電車に乗ろうとした瞬間、ホームと電車の間に転落し、足がはさまれてしまいました。自力でホームに上がろうとしてもがいても、高くてどうしても上がれません。

その時、何人かの人たちが僕をホームから引き揚げてくれました。

またある時は、「もうすぐ、電車がホームに入ってきます」という駅のアナウンスを聴いて、てっきり自分が待っているホームに電車が到着したと錯覚して、ホームから足を踏み出しそうになりました。そのときは近くにいた人が体を張って抱き留めてくれて、間一髪のところで助けられました。

僕を助けてくれたのは、ゆきずりの名前も知らない人たちの善意でした。そのおかげで今、僕はこうして生きていられるのです。


医療従事者、感染者の家族などへの嫌がらせや誤解、差別や偏見、誹謗中傷、プライバシー侵害は人間として絶対にしてはいけない許されない行為

〝巣ごもり騒音〟で悩んでいる

「朝から夜まで、子どもたちが走り回り、一日中騒音に悩まされています」
「隣室で、テレワークの夫婦が大声で話しをして爆発しそうです」
アパートやマンションにお住まいの方なら、一度や二度は〝隣人の騒音〟に悩まされたこともあるのではないでしょうか。

人は本来、安心、安全であるはずの住まいが〝騒音〟によって脅かされると、冷静ではいられなくなるのが通常の感覚です。

新型コロナウイルスの影響で、子どもの学校は休校、幼稚園、保育園は休園、親も長時間、慣れないテレワークなどでストレスを溜め込んでいます。そんなとき、人の声や人が出す生活音、ペットの鳴き声などがいつも以上に耳に付いてしまう。特にストレスがかかった状態のとき、人は音に対して過敏になるといいます。いわゆる〝巣ごもり騒音〟の問題です。

２０２０年5月、緊急事態宣言下、騒音トラブルが原因とみられる事件が、東京都足立区で発生しました。60歳の男が「子どもの声や物音がうるさかった。我慢の限界だった」と隣人の部屋に押しかけ、刃物で切りつけて死亡させたというのです。

たとえ、隣家の騒音がうるさかったとしても、それを理由に暴力にうったえることは、決して許される行為ではありません。しかし、騒音というのは、それを受ける側にとって、時に耐え難いものとなることも分かっておく必要があります。

小さな子どもは遊ぶのが「仕事」とはいえ、走り回る足音は階下に伝わりやすいのです。外に出ることができれば、その間は騒音から逃れて楽になりますが、家にじっとしていると騒音から逃げられません。自粛生活もいつ終わるか先が見えないことが状況をいっそう厳しくしています。

では、僕たちは〝巣ごもり騒音〟にどう向き合えばいいのでしょう?

騒音は、当時者自身が気づかずに出している場合が多く、自宅にいる限り、被害者は騒音から逃げられません。

この機会に、自分たちが出す生活音が騒音となって隣室や上下の階の部屋、また隣り近所に迷惑をかけていないか点検しましょう。そうすることが、相手の生活を尊重し、自分の生活を守ることにもつながります。

外出を自粛すると運動不足になり、ストレスが増えます。そこでＹｏｕＴｕｂｅ等を見ながら、子どもが飛んだり跳ねたりする家庭も少なからずあると思います。

そんな時は、「夜間の○時から○時の時間帯は静かにする」など家族間のルールを決めて、家族みんなで守るようにしましょう。

物音を〝うるさい〟と感じる背景には、音の大きさのほかに、音を出している側との日頃からの関係性による影響もあるように思います。

マンションなどの集合住宅では、住民の間でコミュニケーションをとる機会が少なく、バラバラに生活しています。となりの人が、今いるのかどうかもわからず、特に上下の階に住む人の顔も知らないのが一般的ではないでしょうか。

「顔が見える関係」になれば相手を思いやる気持ちが生まれます。そのために、日頃から隣り近所の方と会ったらこちらから進んで挨拶をしたりして、良い関係性を作るように心がけましょう。「お互い様」の思いを共有しながら、周囲の人たちと助け合ってこの危機を乗り越えていきましょう。

もし、あなたが隣家の騒音に悩んでいる場合、その後のお付き合いのことも考えるならば、当事者対当事者の関係にせず、第三者を巻き込んで解決することをおすすめします。

まずお住まいのマンションの管理組合に相談してみてください。騒音の発生元が明らかな場合は手紙や口頭で、不明確な場合でも、ポスター等により注意するなどの対応をしてくれることが多いです。

ただし、管理組合によっては規定に「住民間の争いには不介入」と明記されている場合もあり、騒音問題解決に向けてあまり頼りにならないかもしれません。管理組合が頼りにならない場合、管理業務を委託されている管理会社に相談してみてください。

また、ご自身が騒音に悩まれていることを、隣の方や付近の住民に相談してみることも解決に結びつくきっかけになるかもしれません。

隣人もまたあなたと同じ騒音に悩んでいる場合、騒音解決に向けた協力者になってくれる可能性がありますし、騒音を感じているのであれば騒音を証明する証人になってもらうことができます。

管理組合や管理会社に相談しても問題が一向に解決しない場合、各地の弁護士会などが実施しているＡＤＲ（裁判外紛争解決手続）の利用を検討してみてください。この手続きは、当事者同士の交渉で問題の解決を図ることを目的とし、あっせん人が間に入って話し合いを進めて解決を図るものです。

ＡＤＲは訴訟などに比べ、早期の紛争解決が期待できます。

ＡＤＲの利用を検討する場合や、弁護士に騒音に関する法律相談をしたい場合には、まずは法テラスや弁護士会の法律相談などを活用してみてください。

また、各自治体では、環境課、公害課などが対応窓口で、騒音発生の証拠があれば、自治体の環境基準や条例などに基づいて騒音発生源に対して何らかの指導を行ってくれる場合があります。

警察は原則民事不介入ですが、騒音がひどい場合は、口頭注意などの対応をしてくれる場合もあります。

騒音に悩んでいることをとなり部屋や付近の住民に相談しよう
騒音が長期間続くようなら管理組合か管理会社に相談を
解決しない場合、訴訟手続によらない紛争解決方法「ＡＤＲ」もある

結婚式をキャンセルしたい

待ちに待った晴れの舞台、一生に一度の結婚式！　しかし、感染拡大を防ぐためには「人と接触しないこと」が求められており、リスクを避けるために、自分たち夫婦の命、家族の命、親戚や知人・友人の命を守ることが最優先され、そのためにやむを得ず式を延期、またはキャンセルしなければならなくなった方も多いのではないかと思います。

そんなとき、気になるのがキャンセル料です。

新型コロナウイルス禍にあっても、結婚式場に関しては、休業要請の対象外であり、式場側としては、感染のリスクに対して最大限の対応を行った上での結婚式の開催は可能です。となると、式場側から開催中止を打診されることはなく、開催するかどうかは式をあげる、当事者の判断に委ねられます。

キャンセル料は、契約時に取り決めたキャンセル料の内容が基本です。

たとえ、外出自粛要請などを理由に中止を決めても、通常は契約書に「感染リスクに配慮した場合のキャンセル料の免責事項」はなく、キャンセル料が多額になる可能性もありますが、実際は、契約している式場との相談になります。「実費分」をキャンセル料にしてくれたり、キャンセル料を延期した結婚式の内金にあててくれたりと、感染の収束が見えない中、式場も新郎新婦の意向を大切に、新郎新婦に寄り添うべく対応を行っているようです。

式場によって可能な対応や、対応の適用期間も異なりますので、早めに、直接確認することが必要です。ただし、今後、感染拡大がより深刻なものになると、式場側の対応が変わってくる可能性も否定できません。

契約時に取り決めたキャンセル料が基本
契約書に、感染リスクに配慮した場合のキャンセル料の免責事項はない
契約している式場に可能な対応を求めよう

人生の暗闇で出会った1冊の本

感激を　目蓋《まぶた》に描け！

今年は、「栄冠は君に輝く（全国高等学校野球大会の歌）」の歌を甲子園球場で聞けなくなりそうです。

新型コロナウイルスの感染の影響を受けて、春のセンバツ高校野球に続き、夏の全国高校野球も中止が決定。高校野球が春夏連続で中止となるのは今回が初めてとのことです。

中止の理由として、高野連は、地方大会を開催することが難しいことをあげています。具体的には、感染リスクを完全に無くすことはできないこと、休校や部活動の休止が長期に及ぶため練習が十分ではなく、選手のけがが予想されること、夏休みを短縮する動きがある中、地方大会の開催は学業の支障になりかねないことなどを理由にあげています。

特に、夏の甲子園大会については、全国から長時間かけて選手や関係者がバス等で移動することや、集団で宿泊することなどを考慮すると、感染のリスクは避けられないとの判断があったといいます。

高野連としては、「中止はやむなし」との判断でしょうが、甲子園をめざす高校球児、特に3年生にとっては、甲子園という目標が消滅したことで、精神的ショックは計り知れないものがあると思います。いろいろな人たちから、いろいろ慰めの言葉をかけられることでしょう。

僕がもし彼らに言葉をかけるとしたら、「一番つらい時に、自分の人生を変えてくれる決定的な1冊の本と出会ってください」。

この言葉は、休校の小中学生、高校生、そして就職が決まらない大学生など、すべての若者に送りたいと思います。

中学に入ったころ、僕の視力はほぼ失われていました。あれは中2の夏休み、僕は自分の人生を決定的に変えた1冊の本に出会いました。

その日、僕は夏の読書感想文を書くために、校内の図書館で本を探していました。すると、たまたま、『ぶつかって、ぶつかって。』というタイトルの本が点字を読む指にとまったのです。

実際、その頃、僕は毎日いろんなところに頭をぶつけて、タンコブが絶えませんでした。

視覚的にも、精神的にも、あらゆる可能性が閉ざされたように感じていた中、『ぶつかって、ぶつかって。』というタイトルが気になり、手にとりました。

この本は、日本で初めて点字を使って司法試験に合格し、弁護士になった京都の竹下義樹先生が書いた本でした。

この本を読んで、僕はとてつもない衝撃を受けました。

全盲の僕でも努力すれば、難関といわれる司法試験に合格するのも夢ではないかもしれない。そして、竹下先生のように弁護士になることができるかもしれない。

目が見えなくても、どんな暗闇の中にも希望はある。

壁にぶつかっても、あきらめなければ道は開けるんだ。

失明したことで、僕はいろいろな人生の可能性が閉ざされたと思っていましたが、それは思い過ごしかもしれないと、そのとき、思いました。

僕の前にはいろいろな可能性が広がっていて、その可能性をひとつでも開花させられれば、自分で自分の人生を変えていくことができるんじゃないか——竹下義樹先生の生き方を知り、そんなふうに思いました。

失明したことで、「これから先は一生、誰かの手助けを受けて生きるしか道はないのかな」

と思っていたけれど、もし、弁護士になれたら、苦しんでいる人のために僕は一生を捧げることができるかもしれない。そんなふうに誰かのために働くことができたら、僕は他の人よりも劣った存在であるというコンプレックスから解放され、自由になれるかもしれない。

この1冊の本が、僕に弁護士になるという夢を与えてくれました。

のちに、僕が弁護士となって、僕の人生を変えてくれたこの竹下義樹先生の法律事務所で働くことになろうとは、15歳の僕は夢にも思っていませんでした。

どんな暗闇の中にも希望はある
壁にぶつかっても、あきらめなければ道は開ける
中2の夏に出会った1冊の本が
僕の人生を決定的に変えた

第4章

コロナ後の世界を生き抜くために

新しい生活様式の光と影

・人との間隔は、できるだけ2メートル（最低1メートル）空ける。
・会話をする際は、できるだけ真正面を避ける。

2020年5月4日、新型コロナウイルス感染症対策専門家会議からの提言を踏まえ、厚生労働省は、日常生活の中で僕たちが意識すべき「新しい生活様式」を発表しました。これを見ると、冒頭にあげた2点を日常的に実行するには難易度が高いように思われます。しかも、これを長期間続けるとなると、仕事や生活の面に加えて、精神面でも支障をきたす方が多いのではと推察されます。

人と人との間隔を2メートル（最低1メートル）空けて会話することは、場所選びからして努力を要しますし、会話をする際はできるだけ真正面を避けるというのも、なんともぎこちなさが伴います。密閉、密集、密接の3密を避けるためとはいえ、ほかにも食事は横並びで、名刺交換はオンラインでなど、暮らしや仕事で求められる感染防止策の具体例が細かく列挙されています。まさにこれまでの生活様式を捨てて、「新しい生活様式」を取り入れるということにほかなりません。

暮らしの細かい部分まで国に指示されるのか……、などと、不快感を抱くかもしれませんが、感染を抑え込む上で一人ひとりの努力と心掛けが欠かせません。

これらの感染防止の様式をうっかり忘れた人や、なかには拒否したり従わない人もいるでしょう。

しかし、監視し合い、非難するような息苦しい社会にしてはいけないと思います。

感染はいったん収まっても、再び拡大する可能性もあり、以前のような日常にはすぐには戻れないかもしれません。

新しい生活様式が長期化すると、日本人の美意識、伝統、精神性にも多くの影響を与えることが懸念されます。

それらはストレスや、いざこざを生み、犯罪化するおそれすらあります。それに対応する新しい法律も必要とされる時代が来るかもしれません。

WHO（世界保健機関）は、感染防止で人との距離を取ることをソーシャル・ディスタンシング（社会的距離の確保）から、最近はフィジカル・ディスタンシング（身体的距離の確保）に変更しています。

僕自身、弁護士としての活動以外にも、趣味のマラソン、家族そろっての外食等のプライベートでも、これからは経験したことのないストレスや憂鬱《ゆううつ》を抱え込まなくてはなりません。

以前のような日常には、もはや戻れないかもしれない
日本人の美意識、伝統的な精神性にも多大な影響
監視しない、非難するような息苦しい社会にしてはいけない

地方に新天地を求める人々

東証一部上場の転職情報会社が２００４年４月から５月にかけて、インターネット上で20代の転職希望者に、「新型コロナウイルスの感染拡大の影響」についてアンケート調査を行いました。

それによると、「新天地を求めて地方に転職したい」という意識が都市部の若者に急速に広がっていることがわかりました。

東日本大震災の時も、一極集中の東京から地方へ移住した家族が少なからずあったと聞きます。

地方への転職を希望する理由については、「テレワークで場所を選ばずに仕事ができることがわかった」とか、「３密の都市部で働くことにリスクを感じた」、「地元に帰りたい」といった答えが目立ったとのこと。

地域をまたいだ移動が自由になると、ＵターンやＩターンの転職が増えるのではと予測されます。

「地方へリターンする」という逆流現象がすでに起きつつあるのかもしれません。

毎朝、マスクをつけて満員電車に乗り、会社でも終日、マスクをつけて仕事をしなくてはならない。

食事も対面ではなく離れて座り、言葉を交わすことすらできない……。

確かに、そんな生活がこの先、何年続くかわからないとなると、若者に限らず、地方へのリターンが本格化する時代がすぐそこまで来ているのかも知れません。

地方への就職に関する職業相談や職業紹介を希望される方は、ハローワーク飯田橋東京交通会館分室にある「ハローワーク飯田橋　地方就職支援コーナー」まで。

問い合せ先は、03-5288-6115　です。

テレワークで場所を選ばずに仕事ができることがわかった
都市部で働くことにリスクを感じた
地元に帰りたい

フェイク情報との戦いに負けない

コロナ後の世界とは、「フェイク情報との戦いでもある」といっても過言ではありません。

インフォデミックとは、インフォメーション（情報）とエピデミック（流行）を合わせた言葉で、感染者や感染地域の情報など、ネットでのうわさやデマも含めて大量のフェイク情報が氾濫し、現実社会に影響を及ぼす現象のことです。

新型コロナウイルスの感染が拡大する中、ＷＨＯ（世界保健機関）は、「インフォデミックによって根拠のない情報（フェイク情報）が拡散し、それによって信頼性の高い情報が見つけにくくなっており、多くの人々の健康に害を与え、ときには、命にも関わる事態になっている」と警告しています。

２０２０年2月に全国で起こったトイレットペーパーの品不足騒動は、フェイク情報が Twitterなどに投稿されたのがきっかけで、リツイートが重ねられ一気に広がりました。

特に、「新型コロナウイルスに感染した人」についてのフェイク情報、いわゆるデマは、人々の関心度が高く、いったん広がったら拡散する一方です。

「新型コロナウイルスの感染者が勤務している会社」などと、フェイク情報、デマ情報を会社名入りでインターネット上に書き込んだ長野県在住の51歳の男性会社員が、名誉毀損容疑で書類送検されました。

このように、**インターネットなどに面白半分でフェイク情報を書き込むことは、あなた自身が犯罪者になる可能性がありますし、また、社会の大混乱を招く恐れもある「危険な行為」なのだと認識する必要があります。**

では、インフォデミックやフェイク情報に惑わされないためには、僕たちはどう対処したらいいのでしょう?

気をつける点を、次にあげてみます。

まず、その情報を発信している人が、「本当にその分野の専門家であるか」を見極めることです。

2番目は、その情報がどこから来ているのか、出典やエビデンス（根拠や証拠）を確認しましょう。

3番目は、それがいつ発信された情報であるか。

4番目は、リプライ欄（TwitterなどのSNSに、他の人が意見や感想をつけたコメント欄のこと）に、他の人がどういう見解を示しているかを、確認することです。

5番目は、その情報が、誰かを攻撃するのが目的ではないかを疑い、判断すること。

6番目は、まずは一旦、保留すること。時間が経つと、情報の評価は変わる可能性があります。急ぐ気持ちを抑え、少し冷静になる時間を作ること。すぐに判断を求めないことが大切です。

そして7番目として、多くの専門家のコンセンサス（合意）である「公的な情報」を信頼するのが、最も安全であると思います。

新型コロナウイルスの感染拡大が完全に収束（終息）しない中、フェイク情報の被害に遭わないためには、目に飛び込んできた情報を鵜呑みにせず、冷静なファクトチェック（情報の正確性、妥当性、事実を検証する行為）を行うなど、情報はよくよく考えて咀嚼《そしゃく》する必要があります。

情報を発信している人が専門家であるか
出典やエビデンス（根拠や証拠）はあるか
いつ発信された情報であるか
リプライ欄に他の人がどういう見解を示しているか
誰かを攻撃するのが目的の投稿や情報ではないか確認を

加速するテレワーク（在宅勤務）の現実

コロナショックで本格的に始まったテレワーク（在宅勤務）は、会社や働き方を変えるきっかけになりつつありますが、40代の社員がテレワーク中に心臓発作で孤独死するなど、様々な問題も顕在化しています。

テレワークにはインターネットを使ったウェブ会議がつきものですが、最新のノートパソコンはカメラ・マイク付きが標準で、あとは自宅にインターネット回線をつなぐか、スマホ経由で接続する「テザリング」を活用すれば、テレワークを始めるのはそれほど難しくはありません。

ただ、自宅のＩＴ環境が劣ると、業務の効率が低下するおそれがあります。

パソコンやスマートフォンを活用したウェブ会議は、画面に映る服装や自宅の様子を見られることを不快に感じたり、緊張する人もいるようです。

服装を指摘されたり、部屋の調度品や家族のことを話題にされたりするなど、公私の線引きが曖昧になることから、「テレワーク・ハラスメント」という問題が今後、浮上してくるかもしれません。

テレワークにおいては、メールなど文字による指示や指摘は、会社で面と向かって話すよりも圧が強く、受け取る側は責められているように感じやすいといわれています。上司は、相手を傷つける言葉には十分注意をはらい、感情的にならず、思いやりやねぎらいの言葉、ポジティブな言葉を盛り込むことを意識したほうがよいでしょう。

必要に応じて短い電話などでフォローを入れることも重要です。

テレワークを導入する多くの企業が悩むのが、社員が自宅で本当に働いているのか、仕事が滞りなく順調に進んでいるのか、働きすぎになっていないかわからないことです。

最近は、〝見える化〟を実現するため、パソコンのデスクトップ上に「着席」「退席」のボタンを設け、勤務時間が管理できるシステムを導入する企業もあります。

テレワークを行う社員が業務の開始時と終了時にそれぞれクリックするだけで、自動で日々の勤務時間を管理するものです。

昼食などで休憩に入るときも、そのつど、「退席」と「着席」のボタンをクリックすることで、休憩時間も1秒単位で記録されます。

記録された内容はシステム上で管理され、会社の上司は、部下が今働いているのかどうかや、月の勤務時間がどれくらいになっているかをつぶさに確認できます。

さらに、このシステムには、社員が「着席」のボタンを押して仕事をしている間の、パソコンの画面がランダムに撮影され、上司に送信される機能も付いているとのこと。いつ画面が撮影されるか社員にはわかりません。

会社の側は、自宅で働く社員に一定の緊張感を持ってもらう効果があると考えますが、社員にとってはつねに監視されているように感じ、「いつ看守が見回りに来るかわからない留置所」にいるような思いかもしれません。

テレワークはまだ始まったばかりで模索中の企業が大半と思います。効率を優先しすぎるあまり、やり方を間違えると、テレワーク中の社員が追いつめられ、孤立状態に陥りかねません。

それを防止するためには、「不要なプライベートに触れない」、「働き過ぎを抑制する」など一定の配慮が必要です。企業の監視が強まっては、テレワークは本来の力を発揮できないことも知るべきです。

テレワークを模索中の企業が大半
やり方を間違えると、追いつめられ、孤立状態に
不要なプライベートに触れない、働き過ぎを抑制する

「オンライン見合い」での結婚に注目

若い世代の最大の関心事ともいえる、男女の出会いの場や見合いの場が新型コロナウイルスによって突然、奪われてしまいました。

これは男女の一大危機と思っていましたが、**婚活イベントなどが自粛で中止になっている中、「オンライン見合い」という、新しい出会いの場が人気を呼んでいるというのです。**

オンライン見合いはＺｏｏｍを使って行われます。

最大のメリットはスマートフォンやパソコンを使って気楽に自宅で行えることです。「住み慣れた場所なので緊張感が和らぐ」、「交通費がかからない」、「飲食代もかからない」、払うのは見合い相談所への料金のみと、利用者にとってはいいことばかりに見えますが、「画面なので相手の雰囲気が伝わりづらい」というデメリットもあります。

オンライン見合いで互いに気に入っても、「今度いつ会えるの？」となると、「コロナが収束（終息）したら」ということになってしまい、完全な収束（終息）が見えないうちは男女とも、「会いたくても会えない」という新たなストレスを生みそうです。

そして、実際に会う段になっても、「相手がコロナウイルスの保菌者ではないだろうか」とか、「キスとか抱擁はしてもだいじょうぶだろうか」なんていう不安を抱えながら交際を続けるしかないのもかわいそうに思えてきます。

でも、互いに不安があるからこそ、相手の人間性が見える。

互いに不安だからこそ、本当の愛を求める。

愛する力でしか、その不安は乗り越えられない。

愛する力が強ければ、その不安をきっと乗り越えられると思います。

妻と結婚する前年、僕は亜矢子を連れて銀座の宝石店に行きました。

僕はあらかじめ予算を告げ、「予算内で、彼女が最も素敵に輝く指輪を選んでください」と店員さんに言いました。

僕も彼女も全盲ですから、どんな指輪を選択するかは店員さんを信頼して任せるしかありません。

「サイズ合うかな?」

「抜けなくなったりしないかな」

「買う前に、傷つけちゃったらどうしよう」

周りに聞こえないように小声で、彼女が僕にささやきます。

店員さんがケースからいくつか指輪を取り出し、亜矢子の指につけてくれました。

「この指輪がいいわ」

その中のひとつを、亜矢子は指につけて僕の手に触れさせました。

「この指輪、さわった感じがとてもいいわ。指当たりもいいし、はめてみて違和感がないのがとても素敵だわ」

ワンポイント、ダイヤを埋め込んでいるところが特に気に入った様子でした。

「とてもよくお似合いですよ」

ダイヤモンドの輝きを、残念ながら僕たちは目にすることはできません。でも、彼女のお腹にいる子どもがいつかその指輪を見る日のことを思い、「僕たちは本当に結婚するんだな」と、じわじわと熱いものが胸にこみあげてきたのを覚えています……。

互いに不安だからこそ、相手の人間性が見える
互いに不安だからこそ、本当の愛を求める
愛する力でしか、その不安は乗り越えられない
愛の力が強ければ、その不安は乗り越えられる

生まれ出づる命に道を指し示す

２０２０年4月、イギリスのロンドン郊外の大学病院で働いていた28歳の看護師が、新型コロナウイルスの陽性が判明し入院。その後、亡くなり、緊急手術でおなかの子どもが無事に生まれたというニュースが報じられました。

生まれた女の子の赤ちゃんは、お母さんと同じ名前の「メアリー」と名付けられたとのこと。世界中の誰もが、この新しい命に、希望を託したのではないでしょうか。

国内でも同年4月、神奈川県の北里大学病院で、新型コロナウイルスに感染して、肺炎を発症した妊婦さんが無事出産したとのニュースが報じられました。

幸い新生児への感染はありませんでした。新型コロナに感染した妊婦の出産は、国内で初めてだったといいます。

「妊婦さんが新型コロナに感染すると重症化しやすかったり、母子感染が起きたりする明確なデータはありません。妊婦さんが不安に思うことは多いと思いますが、特別、危険なわけではありません。日本の医療で十分に安全に出産ができることが示せたと思います」

同病院の周産母子成育医療センター長のコメントは、これから出産する妊婦さんへの力強いエールだと思いました。

今から約9年前の2011年3月11日、僕は渋谷のビルの8階にある法律事務所で仕事をしていました。突然、事務所がすごい揺れに襲われました。これまで経験したことがない激しい揺れが長い間、続きました。

交通機関が止まり、その日は自宅に帰れず事務所で一夜を明かしました。

東日本大震災の発生から4日後、東京電力福島第一原子力発電所3号機の建屋オペレーションフロアから上が水素爆発した、との緊急ニュースがテレビで流れました。

「東京は、大変なことになるかもしれない」

そんな噂がまことしやかにネット上を飛び交っていました。

そんな折り、静岡の義母から電話が入りました。もうすぐ「赤ちゃんが産まれそう」と、その声は幾分うわずっています。

あらかじめ準備していた手荷物を手に僕は、あわただしく新幹線に飛び乗りました。

東京駅発の新幹線の車内は、見えない放射能の汚染から逃れようとする親子連れで満員でした。緊急避難をする人々は異様な緊張に包まれ、車内を不安の暗雲が重く覆っていました。

僕も「東京は放射能で汚染されるんじゃないか」と暗澹《あんたん》たる思いに包まれました。

病院に到着すると、妻はすでに長女を出産していました。

計画停電で、真っ暗闇の手術室で、懐中電灯で照らされながらの出産だったとのことでした。

産まれたのは女の子で、抱き上げるととても小さく愛しく思えました。

「この子を絶対に、飢え死にさせてはいけない」

赤ちゃんの体に触れたとき、僕の中に「親の責任」という言葉が浮かびました。

赤ちゃんは父親の僕に、全身で何かを訴えているようです。

万が一、この子に視力障害があっても、僕たちが今日まで育てられたように育てれば、必ず苦難を乗り越えて生きていける。目が見えなくても、楽しみを見つけ、充実した人生を送ることができる。そのことを、妻も僕も十分に知っていました。

たとえ障害がある子が産まれようとも、僕たちは自分たちがこれまで生きてきたように、

その子に道を指し示すことができると思いました。

東日本大震災から4日目に生まれた長女——
万一、この子に障害があっても
僕たちが育てられたように育てれば、
必ず苦難を乗り越えられる

夫婦の原点に立ち返り絆を確かめる

緊急事態宣言で外出自粛、テレワークなど在宅勤務が長期間続き、夫婦一緒に過ごす時間が増えたことで「離婚の危機」に瀕している夫婦が増えているという話を聞きました。

夫婦なのに一緒に過ごす時間が増えると離婚に至るケースがある、というその構造は、定年後の熟年離婚と似ています。

通常、共働きの夫婦は、日中は外で働いていて、顔を合わせるのは朝晩と週末ぐらいというのが一般的です。

それが定年後は、朝から晩まで夫は家にいて、かといって家事を手伝うわけでもなく、かえって妻のやることにいちいち文句を言う。

なんてことが来る日も来る日も続き、「私、息がつまりそう、もう一緒に暮らせない」と、離婚の相談に来られる気持ちも理解できないわけではありません。

離婚にいかないまでも、「四六時中、一緒にいて、夫（妻）の行動のひとつひとつが気にさわるようになった」という方が増えています。

在宅での慣れないテレワーク、子育ての大変さ、自粛生活のストレスも相まって、いさかいが増え、夫婦仲が悪くなったというのです。

離婚に踏み切る前に、僕は子どもがいる夫婦には、「初めて子どもが生まれた日のことを思い出してください」、「語り合ってください」とアドバイスをします。

そこには、夫婦の絆、夫婦の原点が色濃く息づいているはずです。そのころのことを思い出すことが、夫婦円満を取り戻す何よりの特効薬だと僕は思います。

結婚後、間もなく東京の目黒のアパートで、僕たち夫婦は生まれて間もない長女と盲導犬との生活を始めました。

夫婦ともに目が見えないのにどうやって子育てをするのですか？

そんな質問をよく受けることがあります。

僕たちはともに目が見えないので、オムツ替えひとつにしても、長女のお尻がきれいに拭き取られているか触って確認したつもりでも「拭き残し」があったりします。また、長女が手足をばたつかせて、新しいオムツをつけさせてくれなかったりするので、夫婦そろっててんやわんや、四苦八苦しながらの子育てでした。

食事の時も、スプーンをうまく長女の口に運んでやることができません。長女の顔中、ご飯だらけにしてしまったこともたびたびでした。

僕たちが細心の注意を払っていたのは、長女のうつぶせ寝による窒息死を防ぐことでした。数分間、目を離した隙に、何かの拍子に長女が何かに鼻をくっつけて、窒息死するかもしれません。

そのため、僕と妻のどちらかが必ずそばにいて、手や指で長女に触れるようにしていました。暇さえあれば、体中ベタベタと触って、どんな姿勢をとっているか、体温や肌の状態はどうか、服や手足は汚れていないか、手に何を持っているかなどといった〝情報収集〟につとめるのです。

離乳食が始まったころ長女は、ただ口を開けて待っていても（僕たちには長女の口元が見えないので）何もしてくれないと気づくや、口の中のものがなくなると自分のほうから、「あっ、あっ」と声で合図をするようになりました。

また、こちらが間違って、スプーンを長女の口に持って行くところを、口ではなく頬や鼻などに持って行ったりすると、顔を汚されるのはごめんだとばかりに、長女のほうから器用に口で迎えにくるようになりました。

僕たちの目が見えないと、子どものほうがたくましく育ってくれる。長女の生命力が、僕たちの足らないものを補ってくれることを実感しました。そして、誰の真似でもなく、僕たちなりの家族の形を作っていけばいいんだと、そのとき思いました。

離婚に踏み切ろうとする前に
子どもが生まれた頃を思い出してください
そこには夫婦の原点が息づいています

おわりに
～ウィズ・コロナの時代を～

先日、我が家の7歳になる息子が、突然、義母の隣りに座って食事をするのを嫌がるようになりました。

妻がわけを訊ねたところ、「病気がうつるから」と言ったというのです。

緊急事態宣言が出される以前から、義母はほとんど家を出ておらず、咳や発熱もないのですが、マスコミの報道や周囲の大人たちの言葉を聞くうちに、息子の小さな胸にも、「大好きなおばあちゃんにも近づいてはいけない」といった複雑な感情が芽生えていたのです。

無邪気にたくましく見える子どもの世界、その足もとにも新型コロナウイルスが暗い影を落としていることに驚き、言葉を失いそうになります。

実際、新型コロナウイルスは時間をかけて、僕たちの日常の暮らしから社会生活、国の在り方まであらゆるものを揺るがし、壊し、様々な物を奪っていっています。

中でも、僕が本当に恐ろしいと感じるのは、このウイルスが、人と人との関係を分断し、断ち切り、結びつきを引き裂く力を持っているということです。

その影響は、個人の拠り所となる家族にまで及んでいます。

もし、僕たちがこのウイルスの力に負けて、人と人との距離のみではなく、〝心の距離〟まで離してしまったらもはやどうなるのでしょう。

家族や、社会を維持できなくなるのではないでしょうか。

否、かろうじて維持できたとしても、それは、守る価値のないものになってしまうのではないか……。

今、僕たちに必要なものをと問われたら、僕は「自分への信頼感」と答えるでしょう。

自分への信頼感をなくすと、人の心は揺らぎ、不安になり、その不安は近い他者へと次々と伝播します。そして、他者への信頼感が失われたとき、家族が壊れ、社会が壊れていきます。

このウイルスを、僕たちが恐れるのは、いうまでもなくウイルス感染がもたらす先にあるかもしれない「死」を、恐れるからです。

僕たちはこの機会に、もう一度、前向きに「死」と向き合うことが必要なのかもしれません。

自分の身近にいる誰かがこの世界から失われてしまったら、また、もし自分自身がこの世界から失われてしまったら……、と考えることで、僕たちは家族や友人、仕事仲間など近い他者と一緒に過す時間が、限りなく愛おしく貴重なものであると気づくでしょう。

2011年3月14日、東日本大震災の発生から4日目に生まれた長女は、今9歳になり、マスクを着け、うがいと手洗いを励行し、マンションに隣接した広場で2歳下の弟や友達と遊び回っています。

学校からは、休校の間にやるべき課題が出されていますが、子どもたちは勉強はあまりやりたがりません。

「今日の勉強は？」

と訊くと、「あとで」などと無関心な態度です。

そんなとき、私はこう言って励ましてやります。

「勉強でも仕事でもそうだけど、やり始めるまでは大変だけど、やり始めると楽しくなるよ。少しでもいいから、とにかくやり始めてごらん」

これは、子どもたちに向けた言葉であると同時に、僕自身に言い聞かせる言葉でもあります。

本書の刊行に当たっては、ワニブックスの岩尾雅彦さん、スーパーサウルスの坂口香津美さん、落合篤子さんに大変お世話になりました。

心から感謝を申し上げます。

新型コロナウイルスの発生から、半年が過ぎようとしています。

今、僕たちの前には、答えのない問い（課題）がいくつも突き付けられています。それは容易には、答えが出ない問いかもしれません。

でも、僕たちに求められているのは、それらの現実から目を背けず、そらさず、できるところから、まず、ちょっとでもやり始めてみること。

そして、自分が信じる道を歩み続けること。

どんなに苦しくても、あきらめないで。

そして、笑顔を忘れないで。

2020年6月、東京の大空を仰ぎ見て

大胡田 誠

（参考資料）

日本労働弁護団「新型コロナウイルス労働問題特設ページ」

（http://roudou-bengodan.org/covid_19/）

大胡田 誠

（おおごだ・まこと）

1977年、静岡県生まれ。おおごだ法律事務所代表。12歳の時、先天性緑内障で失明する。筑波大学附属盲学校（現・筑波大学附属視覚特別支援学校）の中学部・高等部を卒業後、慶應義塾大学法学部を経て同大大学院法務研究科（法科大学院）に進む。8年間かけて司法試験に挑み、2006年、5回目のチャレンジで合格。全盲で司法試験に合格した日本で3人目の弁護士である。一般民事事件や企業法務、家事事件（相続、離婚など）や刑事事件等に従事するほか、障がい者の人権問題についても精力的に活動している。ギターとマラソンと村上春樹を愛し、妻は全盲の音楽家・大石亜矢子さん。9歳と7歳の一女一男の父である。著書に、松坂桃李主演でテレビドラマ化された『全盲の僕が弁護士になった理由』（日経BP社）、『今日からできる障害者雇用』（共著・弘文堂）、夫婦共著の『決断。全盲のふたりが、家族をつくるとき』（中央公論新社）がある。

「おおごだ法律事務所」
〒108-0071
東京都港区白金台5-22-11ソフトタウン白金502号
TEL.03-6456-4987 https://oogoda-law.jp/

コロナ危機を生き抜くための
心のワクチン
全盲弁護士の智恵と言葉

令和2年　6月30日　初版発行

著者　大胡田 誠（おおごだ まこと）
装丁　金井久幸（TwoThree）
編集協力・構成　坂口香津美・落合篤子（スーパーサウルス）
写真　稲垣純也
校正　玄冬書林
協力　菅野徹
編集　岩尾雅彦（ワニブックス）

発行者　横内正昭
編集人　青柳有紀
発行所　株式会社ワニブックス
〒150-8482　東京都渋谷区恵比寿4-4-9えびす大黒ビル
電話　03-5449-2711（代表）／03-5449-2716（編集部）
ワニブックスHP　http://www.wani.co.jp/
WANI BOOKOUT　http://www.wanibookout.com/
WANI BOOKS NewsCrunch　https://wanibooks-newscrunch.com

印刷所　株式会社 美松堂
DTP　株式会社 三協美術
製本所　ナショナル製本

ISBN 978-4-8470-9936-6